Family Management,
Professional Management and
FamilyBusiness Heritage

家族管理、职业化经营与家族企业传承

刘 静 / 著

中国商业出版社

图书在版编目（CIP）数据

家族管理、职业化经营与家族企业传承/刘静著.--北京：中国商业出版社，2018.10
ISBN 978-7-5208-0578-0
.
Ⅰ.①家… Ⅱ.①刘… Ⅲ.①家庭企业-企业管理-研究-中国 Ⅳ.①F279.245

中国版本图书馆CIP数据核字（2018）第213513号

责任编辑：朱丽丽

中国商业出版社出版发行
（100053 北京广安门内报国寺1号）
010-63180647 www.c-cbook.com
新华书店经销
天津中印联印务有限公司印制
*
720毫米×1000毫米 1/16开 14印张 185千字
2018年11月第1版 2018年11月第1次印刷
定价：48.00元
****
（如有印装质量问题可更换）

| 前 言 |

家族企业在中国乃至世界经济中都有着不可忽视的影响力，全球500强企业中，40%为家族企业。家族企业最重要的特征是创始家族对企业所有权和经营权的控制，与其他企业相比，家族企业权力的交接更具复杂性，影响也更为广泛。如今，在经济遭遇瓶颈急需进行转型升级的历史时期，我国的家族企业面临着最关键的权力交接问题，众多家族企业如何长存不倒，成功完成二代接班是目前亟待解决的现实难题。

与非家族企业相比，家族企业有着更为有趣的组织特点。作为家族企业最大的特征，家族管理在传承过程中的影响和作用值得研究，家族管理对企业的涉入，提升还是抑制了绩效？在中国特定的政治经济背景下，家族企业如何选择接班人，维系家族管理从家族内部选聘还是聘请外部职业经理人？不同的传承决策对家族企业战略选择和绩效有何影响？这些都需要探讨和解答。

由此，基于中国家族企业的现实困境，本书主要探讨以下问题：家族企业传承过程中家族CEO和非家族CEO（职业经理人）经营下的家族企业在绩效上有何差异？家族管理和职业化经营对家族企业的战略选择有何影响？具体来说，比较家族CEO和非家族CEO在多元化、国际化以及财务杠杆策略上的偏好差异，并分析这种偏好差异对家族企业绩效的影响作用。

此外，本书有部分篇幅重点探讨了创始人 CEO 和家族继任 CEO 代际绩效的差异及其产生的原因。

  本书的撰写以中国上市家族公司为研究对象，通过多元统计方法验证研究假设和理论模型，结合企业发展现实，详细剖析国内家族企业的发展现状以及未来发展趋势，为家族企业在中国新经济环境下的顺利传承出谋划策。从家族管理和职业化经营的角度来看，总体上与非家族 CEO 相比，家族 CEO 经营管理下的家族企业绩效更优；与非家族 CEO 相比，家族 CEO 经营管理下的家族企业对多元化战略的偏好更低，从而对企业绩效有着积极影响；与非家族 CEO 相比，家族 CEO 经营管理下的家族企业对国际化战略的偏好更高，从而对企业绩效有着积极影响；与创始人 CEO 相比，家族继任 CEO 经营管理下的家族企业更注重对家族控制权的强化，从而对企业绩效有着消极影响。此外，与创始人 CEO 相比，家族继任 CEO 经营管理下的家族企业更偏好保守型的战略选择，从而对企业绩效有着消极影响。

  针对以上的发展现状，本书也从多个层面对中国家族企业实践提出了建议：在现行政治经济环境下，中国家族企业最好从家族内部成员中选聘企业接班人。我国的资本市场结构和制度还不是很完善，职业经理人市场规范化程度低，贸然引入职业经理人会给家族企业带来较高的代理成本和经营风险。对于不得不选择职业经理人或者主观意愿上更倾向于选择职业经理人的家族企业而言，要考虑聘用职业经理人的合理模式和时机。在家族企业的初创和成长阶段，引入职业经理人的代理成本太高，而选聘家族 CEO 可以大大节省委托代理成本；当家族成员进入企业一定时间后，家族成员能力不足造成的机会成本与引入职业经理人的代理成本的差距越来越小，所以在中层岗位上可以选择一些非家族职业经理人；当企业进入到成熟期是选择外部职业经理人的最佳时期。由此，家族企业应该对自身所处的发展阶段有清晰的认识，并对家族内部成员的能力素质加以考核分析，以确定引入职业经理人的合理时机。另外，家族企业的传承决策应该与企业的战略方针相结合，CEO 的选择要和家族企业的发展战略相匹配。相比于非家族 CEO，家族 CEO 所经营的企业对多元化战略的偏好较低，对国际化战略的偏好较高。从 CEO 的选聘和家族企业战略方针的匹配性出发，如若企业倾向于较高的国际化水平和较低的多元化水平，则选择家族 CEO 更有利于既定战略的推行和实施；如若企业倾向于较低的国际化水平和较高的多元化水平，则选择非家族 CEO 更有利于既定战略的推行和实施。如若企业之后的发展中，倾向于国际化和多元化双高或双低的战略方针，则更多应该考虑前文所提到的代理成本和机会成本之间的权衡比较。最后，尽可能避免家族继任者接班后第二类代理问题的加剧。家族继任 CEO 的绩效之所以低于创始人 CEO，原因在于家族继任 CEO 更加偏好对家族控制权的强化以及保守型的战略选择。基于此，政府要营造更好的制度环境，倒逼家族企业特别是二代接班的家族企业透明化、合规化经营。作为家族企业自身，首先要把握好家族管理与职业化经营的平衡。此外，在家族继任者接址后要有意识地通过若干治理措施降低第二类代理问题加剧的可能性，如增加独立董事的监督力度，避免金字塔结构，等等。

目录

第1章 绪 论
1.1 中国家族企业现状调查 / 2
1.2 有关家族管理和职业化经营的争论 / 5
1.3 家族企业研究存在的几个问题 / 8
1.4 本书写作的目的和意义 / 10
1.5 本书主要的研究方法 / 13

第2章 家族企业及其治理特点
2.1 家族企业 / 16
2.2 家族企业治理的特点 / 24

第3章 家族企业代际传承
3.1 家族企业代际传承的内涵 / 35
3.2 家族企业代际传承模式 / 37
3.3 代际传承对家族企业战略转型的影响 / 40

第4章　家族企业中的委托代理问题

4.1 委托代理理论 / 46

4.2 委托代理问题在家族企业中的体现 / 52

4.3 家族 CEO 与非家族 CEO / 56

4.4 家族企业中不同 CEO 类型的委托代理问题 / 60

第5章　家族企业中的社会情感价值

5.1 社会情感价值理论 / 66

5.2 社会情感价值对家族企业代理合约的影响 / 72

5.3 社会情感价值对家族企业代际传承的影响 / 74

5.4 社会情感价值对家族企业战略行为的影响 / 76

第6章　家族管理和职业化经营实证研究

6.1 家族管理及其对绩效的影响 / 86

6.2 职业化经营及其对绩效的影响 / 92

6.3 家族管理和职业化经营理论模型 / 97

6.4 家族管理和职业化经营研究假设 / 112

6.5 家族管理和职业化经营实证分析 / 124

6.6 家族管理和职业化经营验证结果 / 145

第7章　家族企业代际传承绩效差异实证研究

7.1 代际传承绩效差异理论模型 / 152

7.2 代际传承绩效差异研究假设 / 156

7.3 代际传承绩效差异实证分析 / 158

7.4 代际传承绩效差异验证结果 / 174

第8章　实践启示

第9章　创新及未来展望

9.1 本书的创新之处 / 186

9.2 不足与未来研究方向 / 188

参考文献 / 190

01

第1章

绪　论

1.1 中国家族企业现状调查

世界上大部分的企业都是家族企业，全球500强企业中，40%为家族企业。在我国经济体系中，除去占主要地位的公有制企业，家族企业已经拥有了很大的影响力并占据了异常重要的经济地位。根据2016年国际家族企业协会全球峰会的数据，我国民营企业中约有90%为家族经营，其经济总量在GDP中已经超过60%，创造了80%以上的就业岗位。截至2016年5月，在我国A股市场上市的2845家企业中，有超过30%为家族企业。实践表明，与其他类型的企业相比，面对经济变化带来的不确定性，家族企业依然能够持续他们的增长趋势。普华永道发布的《2016年全球家族企业调研报告》指出：在世界各国经济回暖不太明了的情况下，超过六成的被调研家族企业表示他们的经营成绩依旧优于前一年度。在中国经济转型升级的大背景下，家族企业的重要性和影响力日益剧增，如何保持家族企业顽强的生命力，实现基业长青，不仅涉及众多家族企业的切身利益，对我国国民经济的稳定增长也有着重大影响。

家族企业与其他类型企业最大的不同在于：创始人所在的家族持有企业的所有权，并对企业经营产生直接影响。在产权保护制度尚未完备、金融体系发展仍然滞后的环境下，我国的家族企业却支撑了令人瞩目的经济增长，这离不开特殊的家族管理特征。家族企业的传承和继任是其成长和发展的关键，而传承过程中的家族管理问题更是重中之重。如何能把企业的控制权稳定顺畅地传递给下一代是家族企业是否能够不断发展、不断壮大的核心问题。特别是对于刚成立的家族企业来说，其对创立者的个人能力、意志品质和人脉资源有着特殊的依赖，但在传承过程中，家族企业往往无法提前规划和考虑到将会面对的问题，使得这些能力和资源在传承过程中有所损失。相比于其他企业，家族企业的传承是最为困难也最具风险的，甚至关系到企业的生死存亡。2016年国际家族企业协会全球峰会的数据显示，未来5到10年，我国将有近300万的家族企业面临接班换代的问题。在我国经济面临瓶颈急需进行转型升级的历史时期，众多家族企业也面临着关键的权力交接问题，如何维护家族企业的长存不倒，成功完成二代接班是目前亟待解决的现实难题。

家族企业的权力传承涉及到两个方面：其一，下一代能否继续拥有企业，即所有权问题；其二，下一代能否在企业经营过程中起主导地位，即经营管理权问题。对于所有权传承的问题，最普遍也是最易让人接受的方式就是创始人的直系子嗣继承产业。对于经营权传承的问题，也就是如何选择新负责人的问题，家族企业往往有多个选择。创一代们在挑选接班人时，或者让自己的子女亲属接班，或者聘请家族之外的职业经理人打理，都期望为企业谋求更好的发展。基于中国家族企业的现状，很多人都在思考家族二代接班人能否胜任带领家族公司发展壮大的重任。有人提出家族后辈作为接班人，可以令企业的产权、文化、传统等得到延续；但也有人认为，与职业经理人相比，家族公司创始人的子女后辈并不能担负起接班的重任。

目前，大部分创业者依然受传统思维影响，认为企业未来的经营决策权力要掌握在自己子女手中，因为他们往往更加信任自己的子嗣。当然，造成这一现象的原因也是由于我国对职业经理人的约束监督体系还不完善。据统计发现，2016年，中国有10家以上的上市家族企业完成了二代接班，包括金宇车城、昆药集团、东方金钰、江南高纤、金力泰、赛象科技等。

有的家族企业通过二代传承的方式，将企业发展推向了新高，如方太集团在"太子爷"茅忠群接手后，发展势头强劲，已成为国内领军的厨电品牌，并享誉国际；也有家族企业在二代接手后逐渐没落甚至走向破产，如"钢铁帝国"海鑫集团在二代接班人李兆会手里节节败退最终只能申请破产。当然，企业毕竟不等同于家族，越来越多的家族企业创始人看到家族管理机制的局限性和弊端，意识到在用人上必须注重人才的素质、技术和受教育水平等的均衡发展，因此希望通过引入职业经理人来获取先进的管理技能。在西方发达国家，家族企业创始人时代结束后，家族成员往往依然享有企业经营所产生的利益，但是企业未来发展和经营方向却不被家族成员所掌控。如今，中国的部分创一代也希望跳出家族范畴，寻找到更优秀的代理人来打理企业，负责经营管理事宜。当然，也有一些家族企业则是由于缺乏合格的家族继承人而不得不选择职业经理人。有数据显示，只有略高于1/4的受访家族企业，创始人和家族下一代同时具有传承意愿。[①]然而，职业经理人上台之后对家族企业的影响，也是褒贬各异。有的家族企业在职业经理人的经营下业绩斐然，如美的集团在职业经理人的掌舵下企业绩效和市场影响力不断攀升；也有的家族企业因为职业经理人的介入遭遇了一系列经营甚至是权力纷争问题，最典型的如国美电器，黄光裕与陈晓的权力之争让国美电器一度陷入经营危机。

由此，在企业传承的关键时期，中国的家族企业面临很多亟待解决的问题。家族企业的创一代们究竟选择家族继承人还是职业经理人才能更有利于家族企业的后续发展？在中国特有的政治经济环境下，二代家族继承人和职业经理人两者对家族企业的发展战略有何影响？谁又能为企业带来更好的绩效？为什么会存在这种绩效差异？此外，与初代创始人相比，二

[①] 中国民私营经济研究会家族企业研究课题组.中国家族企业发展报告[M].北京：中信出版社，2011.

代家族继承人接手企业之后,对企业的战略决策和绩效有何影响?又是什么原因导致了一代和二代家族管理者之间的绩效差异?这些问题都需要合理的答案。

1.2 有关家族管理和职业化经营的争论

管理理论的相关研究中有一个核心问题是:为什么有些企业的绩效要优于其他企业?[1] 目前,与家族企业相关的研究中,有大量的成果都围绕家族企业与非家族企业的比较展开,而对家族企业内部差异的比较研究很少,而且目前这些研究大部分也是依据过往的经验来推测分析,缺乏有力的实证验证。这些研究在分析家族企业的特点时,往往下意识地认为不同家族企业是同质性的个体,并没有考虑到家族企业之间的异质性。[2] 然而家族企业之间也存在很大的差异性,特别是涉及家族管理问题。为了能够让家族的资产不断扩大同时增强企业的竞争力,企业掌权者会在家族成员之间以及家族成员和非家族成员之间进行控制经营权的优化调整。可以说,控制经营权是研究家族企业绩效的核心问题。不同的家族企业的权力结构可能截然不同,由此影响企业的战略选择和经营绩效。

虽然在研究家族企业时,家族管理总是占据重要位置,但"企业行为是否受到家族管理的影响"这一问题始终没有统一的答案。从20世纪70

---

[1] Barnett W.P. Greve H.R. Park D.Y. An evolutionary model of organizational performance [J]. *Strategic Management Journal*, 1995, 15(S1):11–28.

[2] Chua J.H. Chrisman J.J. Steier L.P. et al. Sources of heterogeneity in family firms: An introduction [J]. *Entrepreneurship Theory and Practice*, 2012, 36(6):1103–1113.

年代开始，钱德勒（Chandler）和杰森（Jensen）等人在家族企业绩效的问题上提出了截然相反的观点。钱德勒基于对发达经济体的研究提出：家族企业由于家族管理导致管理上的无效性，削弱了竞争力，而职业化经营则能带来高效率。[1]然而，杰森等人基于委托代理理论提出：家族管理具备更好的监控能力和更强的提升企业价值的动机，因此能缓和大部分的委托代理矛盾，反而提升家族企业的管理效率。[2]围绕这一核心争论点，学者们进行了很多后续研究，但家族企业绩效的核心争论至今仍然存在。[3]钱德勒阵营的拥护者们提出家族管理会激化控股股东和小股东之间的矛盾，加剧第二类委托代理问题。[4]同时，家族管理者会过于强化社会情感财富而损害企业管理效率。[5]杰森等人阵营的拥护者则强调职业化经营中，职业经理人的参与造成了一定程度上所有权和经营权的分离，降低了家族企业的管理效率。

虽然在钱德勒和杰森之后，很多学者也就家族管理对家族企业绩效的影响展开了研究，但大部分研究都停留在理论推断层面，缺乏有力的实证论证，很少有研究从实证的角度来解释家族管理和职业化经营对家族企业绩效的影响机制。而且相较于对家族企业绩效的研究，很少有学者研究家族管理对企业战略的影响，相应的实证研究更是几乎没有[6]。在家族管理和

---

[1] Chandler A.D. *The visible hand: The managerial revolution in American business* [M]. Cambridge, MA: The Belknap Press of Harvard University Press, 1977: 455–464.

[2] Jensen M.C. Meckling W.H. Theory of the firm: managerial agency costs and ownership structure [J]. *Journal of Financial Economics*, 1976, 10 (3): 305–360.

[3] Raelin J.D. Bondy K. Putting the good back in good corporate governance: The presence and problems of double layered agency theory [J]. *Corporate Governance: An International Review*, 2013, 21(5): 420–435.

[4] Claessens S. Djankov S. Fan J. P.H. Lang L.H.P. Disentangling the incentive and entrenchment effects of large shareholdings [J]. *Journal of Finance*, 2002, 57(6): 2741–2771.

[5] Gómez-Mejía L.R. Cruz C. Berrone P. De Castro J. The bind that ties: Socioemotional wealth preservation in family firms [J]. *Academy of Management Annals*, 2011, 5(1): 653–707.

[6] Miller D. Le Breton-Miller I. Scholnick B. Stewardship versus stagnation: An empirical comparison of small family and non-family businesses [J]. *Journal of Management Studies*, 2008, 45(1): 51–78.

职业化经营两种治理特征下，家族企业战略行为特点有哪些？这些战略行为是否会影响家族企业绩效？有学者已经在研究中提出家族企业在战略选择上呈现特殊的偏好①，但是很少有人研究这些战略偏好在家族管理和企业绩效的影响关系中发挥的作用。②

制度理论认为家族企业绩效不仅和企业内部因素有关，还会受到外部环境的影响，诸如法律环境的健全程度以及外部投融资的可得性。③已有研究表明，在发达资本市场，家族管理在缓解委托代理问题的同时不会对企业的决策效率产生太大的负面影响。④然而在新兴资本市场的家族企业，家族管理对于企业绩效有何影响？目前尚没有系统的研究。尤其是分析家族企业内部治理特征时，几乎没有人站在对比家族管理和职业化经营的方向来对家族企业能否得到高效的治理进行探讨分析。此外，创始人和继任家族管理者的绩效差异有目共睹，然而其背后真正的原因却很少有人研究。⑤为什么继任家族管理者接管之后的企业绩效往往要低于家族企业创始人在位期间的企业绩效？家族企业创始人和继任管理者在对家族控制和企业战略选择的影响上是否存在差异？这些差异是否是导致代际绩效差异的原因？这些问题在现有的家族企业理论研究中均没有答案。

---

① Gómez-Mejía L.R. Makri M. Larraza-Kintana M. Diversification decisions in family-controlled firms [J]. *Journal of Management Studies*, 2010, 47(2): 223–252.

② Schulze W. Gedajlovic E. Whither family business？[J]. *Journal of Management Studies*, 2010, 47(2): 191–204.

③ Gedajlovic E. Carney M. Chrisman J. Kellermanns F. W. The adolescence of family firm research: Taking stock and planning for the future [J]. *Journal of Management*, 2012, 38(4): 1010–1037.

④ Yoshikawa T. Zhu H. Wang P. National governance system, corporate ownership, and roles of outside directors: A corporate governance bundle perspective [J]. *Corporate Governance: An International Review*, 2014, 22(3): 252–265.

⑤ Villalonga B. Amit R. How do family ownership, control, and management affect firm value？[J] *Journal of Financial Economics*, 2006, 80(2): 385–417.

1.3 家族企业研究存在的几个问题

在对文献回顾和梳理的过程中，本书发现了现有研究中的一些空白与不足，具体可以归纳为以下几个方面：

第一，现有关于家族企业的研究中，大部分都是围绕对家族企业和非家族企业的比较展开，对比家族企业内部差异的研究较少。这种理论研究现状说明，大部分研究者容易将家族企业看作同质性的经济实体，而忽略家族企业之间的异质性。然而，不同的家族企业之间也会有所差别，看到家族企业内部的差异性对推进家族企业的相关研究有着至关重要的作用。研究家族企业内部的差异性，应该聚焦到家族企业区别于其他企业的特殊性上，而家族管理就是家族企业不同于非家族企业的独有特征。因此，从治理特征的角度切入，研究家族企业间的差异具有重大的理论和实践价值，然而，此类方向的现有研究明显不足。

第二，基于不同理论对家族管理和绩效影响关系进行的研究存在冲突。回顾有关家族管理的理论成果可以发现，大部分研究聚焦于家族管理对绩效的影响，然而，其研究结果却存在较大的分歧。有关家族企业研究的主要理论如委托代理理论和社会情感价值理论，在家族管理和企业绩效的影响关系上存在冲突。例如，基于委托代理理论，家族成员之间有着更紧密的情感纽带，彼此更加信任，所以家族管理可以降低代理成本而提升企业的绩效。然而，社会情感价值理论认为，留存和保护社会情感价值是家族和企业的首要目标,所以家族管理下的家族企业在决策过程中首要考虑社会情感价值,很多时候,甚至为了保护社会情感价值而牺牲企业的经济效益,由此降低了家族企业的绩效。

第三,现有研究大多单独考察家族管理及其对绩效的影响关系,缺乏对不同家族管理程度,即家族管理与职业化经营进行比较的对比研究;而且现有研究大多基于发达资本主义市场,针对新兴经济体的研究尚比较匮乏。在中国这样的新兴经济体,家族管理对企业绩效有何影响?是否会和基于发达经济体的研究结论有所差别。在新兴经济体特定的政治经济背景下,家族企业如何选择接班人,维系家族管理从家族内部选聘还是通过聘请外部职业经理人实行职业化经营?不同的治理特征和传承决策对家族企业的绩效有何影响?这些问题都亟待进一步的研究和探讨。

第四,现有研究考察了家族管理或职业化经营对绩效的影响关系,发现两种治理特征或提升或抑制企业绩效,然而却缺乏对其内在影响路径的考察。家族管理之所以提升或抑制企业绩效,其内在原因何在?职业化经营通过什么要素能提升或抑制企业绩效?这些问题在现有研究中找不到答案。"知其然"固然重要,"知其所以然"更为重要,但目前有关家族企业治理特征与绩效的研究,在"知其所以然"上尚存较大的空白。

第五,现有研究肯定了家族企业在战略行为上的特殊性,但很少就这些战略特殊性在家族企业绩效中发挥的作用加以研究。很多研究都提出家族企业在战略选择上会出现特殊的偏好,然而很少有学者研究家族企业为什么会出现战略决策偏好,这种战略偏好又会对家族企业带来什么影响。家族管理和职业化经营两种治理特征是否会导致家族企业在战略行为上的差异?这些战略行为差异是否会影响家族企业的绩效?针对这些问题,现有研究的理论成果还十分有限。

第六,聚焦代际传承以及代际企业绩效差异的研究很多,但为什么会出现代际绩效差异却甚少有人关注。有关家族企业的研究中，代际传承是热门的研究话题，大部分相关研究都聚焦代际传承的影响因素、传承方式、传承绩效等，也有部分研究考察了初代管理者和继任管理者在位期间的绩效差异，发现继任家族管理者接管之后的企业绩效往往要低于家族企业创始人在位期间的企业绩效。然而，为什么会出现这种代际绩效落差？背后的影响机制是什么？从现有研究中无从得知。此外，家族初代管理者和继任管理者在对家族管理和企业战略选择的影响上是否存在差异？若存在，是否是导致代际绩效差异的原因？这些问题均需要进一步的深入研究予以回答。

1.4 本书写作的目的和意义

家族企业怎么才能够成功地把企业的掌控权和企业价值传递下去？怎么才能够在传递时仍然有条不紊地经营发展？这些都是亟待解决的难题。作为家族企业最大的特征，家族管理在传承过程中的影响和作用值得研究，家族管理对企业的涉入，提升还是抑制了绩效？在中国特定的政治经济背景下，家族企业如何选择接班人，维系家族管理从家族内部选聘还是聘请外部职业经理人？不同的传承决策对家族企业战略选择和绩效有何影响？随之而来的这些问题都需要探讨和解答。由此，基于中国家族企业的现实难题以及现有理论冲突，本书写作的目的主要有三。其一，分析家族管理和职业化经营对家族企业绩效的影响。对于家族企业来说，挑选一个优秀的 CEO 是其发展过程中的重要任务。在挑选和任命的过程中，家族企业可以从各种渠道获得候选 CEO 的人选，任命家族 CEO 是家族管理的核心要素，而聘请职业经理人是家族企业职业化经营的必然选择。因此，本书从家族管理和职业化经营的角度切入，探讨家族企业传承过程中，家族CEO和非家族CEO对于企业发展的不同影响，比较家族CEO和非家族CEO（职业经理人）经营下的家族企业的绩效差异。研究核心聚焦于比较家族企业内部的差异性，考察公司治理特征的差异所导致的绩效优劣。其二，考察家族管理和职业化经营对家族企业的战略选择的影响。家族CEO和非家族CEO在家族企业战略选择上是否有不同偏好？家族管理和职业化经营是否通过影响企业战略行为进而影响企业绩效？具体而言，考察家族CEO和非家族CEO在多元化、国际化以及财务杠杆上的偏好差异，并分析这种偏好差异对家族企业绩效的影响作用。研究核心聚焦于从企业战略选择的角度探索家族管理和职业化经营对绩效的影响机制，知其然，亦知其所以然。其三，研究家族管理下，创始人CEO和家族继任CEO绩效差异的原因。在传承接班的高峰关口，中国家族企业在创始人CEO和家族继任CEO的经营下，公司治理特征以及企业战略选择上是否存在差异？如果存在，那么是否是导致两代经营者在位期间家族企业绩效存在差异的原因？该部分探讨的核心是从公司治理和战略偏好的角度分析代际绩效差异的影响机制。

从理论层面而言，本书研究的重点问题具备一定的学术价值。首先，基于不同家族企业治理特征的差异，聚焦家族企业内部的差异性，丰富了家族企业之间的比较研究，为后续相关研究提供理论支持。对于家族企业研究而言，最大的争论点在于"家族企业的绩效是否优于其他企业？"这一核心问题引发了很多有关家族企业和非家族企业的比较研究，然而，家族企业内部的差异性却甚少得到关注。本书打破了这一研究惯性，将研究视角切换到家族企业之间的差异性，推动了家族企业研究的后续发展。其次，本书补充了新兴经济体特有情境下家族管理和职业化经营影响企业绩效的相关研究，延展了该领域研究的情境范围，并对现有的理论争论进行了验证。家族企业研究，特别是有关新兴经济体市场上家族企业的研究尚处于萌芽期，还存在很多相互冲突的理论观点和研究发现。典型地，针对发达经济体，有关家族管理和职业化经营对家族企业绩效的影响始终存在争论，而对于新兴市场该领域的相关研究还存在空白。基于这样的理论现状，本书定位中国情境，在中国家族企业转型换代的良好契机下，研究家族企业中家族管理和职业化经营对绩效的影响，拓宽了家族企业的研究情境，并对现有理论争论做出了回应。最后，本书从家族企业治理特征和战略选择的角度切入，研究家族管理和职业化经营对企业绩效的影响机制，并探究家族代际绩效差异的内在原因，丰富了家族企业战略选择的相关研究，填补了家族管理特征对绩效影响机制的理论空白。很多研究都承认在家族管理方面的特征差异会影响企业绩效，也试图从理论上推断绩效差异的原因，但很少有研究能从实证方面论证其内在机制。此外，现有研究普遍认为初代管理者和继任家族领导人在企业绩效上存在差距，通常继任家族领导人所经营的企业绩效要低于家族企业创始人在位期间的企业绩效。然而，很少有研究探索这一现象背后的内在原因。基于此，本书创新性地从治理特征和战略偏好入手，剖析了家族管理和职业化经营影响绩效以及家族代际绩效差异的内在机理。

从企业实践而言，本书的参考价值主要体现在以下三个方面：其一，本书通过对中国情境下家族管理和职业化经营对企业绩效的影响研究，比较家族CEO和非家族CEO的绩效差异，为中国家族企业选择合适的接班人提供理论依据。中国的家族企业有很大一部分是在20世纪70年代末期和80年代开始建立和发展的，时至今日，大部分都面临着跨代传承问题。初代创业者们慢慢退居幕后，接任者们逐渐登上历史舞台。值此交接班高峰的特殊时机，中国家族企业的创一代们都在权衡选择接班对象的利弊，是延续家族管理进行内部传承，还是引入外部经理人进行职业化经营，这已经成为困扰中国家族企业创一代的关键难题，而本书正是为该困境提供参考依据和解决方案。其二，本书根据企业战略对绩效的影响作用，结合家族管理和职业化经营的特点，对家族企业的战略选择提供理论指导。本书考察家族管理、职业化经营对家族企业战略选择的影响，并进一步探究战略选择在家族管理、职业化经营和企业绩效影响关系中发挥的作用，为家族企业制定和选择发展战略提供参考依据。本书的研究成果可以让家族企业更有针对性地制定和调整自身的战略选择，以促进企业绩效的提升。其三，本书有助于家族继任CEO看到自身在控制权和企业战略选择上与初代创始人的差异，帮助他们在管理实践上做出合理调整，降低甚至消除家族企业普遍存在的代际绩效差异。本书在比较创始人CEO和家族继任CEO绩效差异的基础上，探究了代际CEO对家族控制权和企业战略选择的影响，并从中剖析家族企业代际绩效差异的原因。研究成果可以为家族继任CEO的管理实践提供指导，帮助家族继任者提升企业绩效。

1.5 本书主要的研究方法

在本书的调研和撰写过程中，主要采用了以下三种研究方法：

1. 文献研究法。首先，本书采用文献研究法对家族企业、家族管理和职业化经营，特别是家族CEO与非家族CEO在经营管理中的特点和差异进行了回顾，梳理了家族管理和职业化经营对家族企业绩效的影响作用。其次，本书分别从委托代理理论和社会情感价值理论两大视角切入，对家族企业的相关研究成果进行梳理，重点回顾与家族管理和职业化经营有关的理论成果，为后续研究提供理论支持。最后，本书还对家族企业代际绩差异的相关文献进行了回顾，为后续研究代际绩效差异做好准备。为了确保文献研究的可靠性和说服力，本书在文献的筛选上也有所取舍，主要选取国际管理学顶级期刊、国际家族企业管理领域顶级期刊以及国内管理学顶级期刊中的相关研究成果。

2. 理论建模法。在文献研究法的基础上，本书主要采用理论归纳法对现有研究成果进行归纳总结，明确家族企业、家族管理和职业化经营的研究现状，找出现有研究中存在的冲突，发现理论研究的缺口，确立本书的理论立足点，为后续深入研究奠定基础。

3. 实证研究法。本书使用STATA14.0统计分析软件对收集到的二手数据进行数理统计分析，逐一验证本书提出的研究假设。具体而言，本书将研究问题细分为两方面，其一研究家族管理与职业化经营即家族CEO与非家族CEO参与经营对家族企业战略及其绩效的影响，其二研究家族代际CEO对家族企业战略及代际绩效差异的影响作用。针对两个细分研究，本书分别采用了描述性统计分析变量的统计学特征，随后采用相关分析检验了主要变量之间的相关关系，最后运用回归分析方法对自变量、中介变量和因变量进行了多元线性回归，验证了主效应和中介效应，并对统计分析结果进行了稳健性检验。

第2章

家族企业及其治理特点

2.1 家族企业

在20世纪80年代以前，几乎没有人对家族企业进行研究，正是由于这个原因，对家族企业的界定没有一个较为清楚的认识。家族企业最开始的概念是由钱德勒（Chandler）提出，是指合伙人与创始人非常亲密，并长期占有公司绝大部分股权。他们和企业的决策执行者维系着密切的人脉关系，在企业的重大战略方面拥有决策权和话语权，特别是在人力资源、企业的资金管理以及公司人财物的配置方面拥有实权。[1] 在这以后，西方学者开始认识到了家族企业的重要地位，对其探讨分析更加的细致，使得逐渐有了对家族企业更加明确的界定准则。在现有的研究中，对家族企业的界定主要可以划分为两大视角：家族涉入的视角和家族企业本质的视角。

（1）从家族涉入的视角界定家族企业

在家族企业的传统定义中，很多研究都聚焦于从家族涉入的某些要素来界定家族企业，如所有权、控制权、经营权以及代际传承等。[2] 汇总而言，较为普遍的划分标准主要关注三个方面，即企业的所有权、经营管理权和代际传承。

基于所有权来界定家族企业的观点认为，家族企业的所有权必须掌控

---

[1] Chandler A.D. The visible hand: The managerial revolution in American business [M]. Cambridge, MA: The Belknap Press of Harvard University Press, 1977: 455-464.

[2] Chua J.H. Chrisman J.J. Sharma P. Defining the family business by behavior [J]. *Entrepreneurship Theory & Practice*, 1999, 23(3): 113-130.

在家族手中。这种所有权可以是直接所有权，也可以是间接所有权。兰斯贝格（Lansberg）则认为家族企业是以经营权为核心的，由企业创始人及其亲属共同经营的合法性公司。[①] 拜斯（Barnes）和赫逊（Hershon）则认为家族企业界定的关键应该是企业的所有权的掌控。[②] 以盖尔西克（Gersick）为代表的学者们也认为界定家族企业的依据是企业所有权的分配情况。[③] 之后的学者对家族企业的界定有着更为深层次的探讨，重点研究了定义家族企业的持股比例的具体数值。弗罗利希（Frohlich）以及唐克埃尔斯（Donckels）认为家族企业中的创始人及其亲属持股应至少占据总股份的60%；[④] 法西奥（Faccio）等则认为家族持股率在30%以上即可。[⑤] 波塔（Porta）等认为家族企业所控制的股份一般不低于10%。[⑥] 学者们对于持股率的差异认识，主要取决于不同国家的经济、社会以及文化方面的差异，重点在于持股率是否能获得实际控制权。中国学者朱文和苏启林则从终极控制人的角度阐释这个概念，他们认为终极控制人必须为最大股东且是个人或者其家庭。同时，必须有两位或者更多股东是终极控制人的姻亲或者血亲。陈德球评价道，家族性质的上市企业的首席股东可以是最终的控制者，并对企业的生产经营和发展享有绝对的权力。[⑦]

[①] Lansberg I. The succession conspiracy [J]. *Family Business Review*, 1988, 1(2): 119–143.

[②] Barnes L.B. Hershon S A. Transferring power in the family business [J]. *Family Business Review*, 1989, 2(2): 187–202.

[③] Gersick K.E. Davis J.A. Hampton M.C. et al. Generation to generation: Alife cycle of the family business [M]. Harvard Business School Press, 1997: 161–162.

[④] Donckels R, Frohlich E. Are family businesses really different ? European experiences from STRATOS [J]. *FamilyBusiness Review*, 1991, 4(2): 149–160.

[⑤] Faccio M. Lang L.H.P. The ultimate ownership of Western European corporations [J]. *Journal of Financial Economics*, 2002, 65(3): 365–395.

[⑥] Porta R. Shleifer A. Corporate ownership around the World [J]. *The Journal of Finance*, 1999, 54(2): 471–517.

[⑦] 陈德球，杨佳欣，董志勇. 家族管理、职业化经营与公司绩效——来自CEO变更的经验证据 [J]. 南开管理评论, 2013, 16(4): 55–67.

关于家族企业的界定有多种不同的方法，如果从经营管理权出发，当企业的运营和决策受到家族成员的影响或者控制时，我们将其视为家族企业。在对家族企业的认识方面，我国学者和西方学者还是存在着较大分歧的，主要在企业的控制权方面。学者利奇（Leach）认为在家族企业中，家族集体成员应该掌握至少超过半数的企业股权。[1] 与之相对，莱姆（Lyamn）和戴利（Daily）认为，家族成员在企业的关键部门中任职，或者参与企业的重大决策，这种企业就可以认定为家族企业。[2] 汉德勒（Handler）指出，即使在家族企业中，大部分的核心岗位中的重要职位都是外部人员，家族成员依然可以通过董事会对企业的战略方向和人事任免拥有极大的影响力。[3] 国内学者孙本治也以企业的经营权为视角，认为如果某家族或者多个家族掌握着企业的经营权，这种企业就被认定为家族企业。[4]

从代际理论的观点出发，对家族企业的认定侧重于企业在家族成员间的代代传承的特点。学者沃德（Ward）认为，家族企业的主要标志在于，企业的决策权应该在家族成员中代代相传。[5] 而学者丘吉尔（Churchill）和哈特（Hatta）一致认为，家族成员应该参与到家族企业的生产和经营管理中，而不仅仅是企业股权的持有者，而且家族企业的所有权是在家族成员间一代一代传下去，不存在所有权的市场交易；除此之外，这种代代相传

---

[1] Davis P. Realizing the potential of the family business [J]. *Organizational Dynamics*, 1983, 12(1): 47–56.

[2] Lyamn A.R. Customer service: Does family ownership make a difference？[J]. *Family Business Review*, 1991, 4(3): 303–324.

[3] Daily C.M. Dollinger M.J. An empirical examination of ownership structure in family and professionally managed firms [J]. *Family Business Review*, 1992, 5(2): 117–136.

[4] 孙治本. 台湾家族企业的内部整合及其领导风格[J]. 战略与管理，1996(5)：112-120.

[5] Ward J L. Growing the family business: Special challenges and best practices [J]. Family Business Review, 1997, 10(4): 323–337.

的内容还包括企业的管理运营和经营策略。① 有研究者认为凡是家族企业，其所有权以及企业的决策权应该被整个家族掌握，有的也可以是几个家族，并且在家族成员中进行代际继承。学者应焕红则认为，家族企业的代际传承跨度至少是两代，而且家族成员要控制着企业的所有权，企业管理层成员的关系以血缘关系为纽带。②

还有一些学者的研究是从家族涉入的融合性理论出发来对家族企业进行定性的，这种研究持以下观点：倘若企业成为了某些家族的企业后，家族成员参与到企业经营的各个环节，这种企业就是典型的家族企业。在20世纪的80年代，罗森布拉特（Rosenblatt）和约翰森（Johansen）通过多年大量的分析调查后，对家族企业提出了自己的看法和认识，如果家族管理了企业的生产和经营，同时有两名及以上的家族成员对企业的经营决策和实际经营起到主要的作用，那么这样的一个企业就可以把它看作是一个家族企业。③ 克罗米（Cromie）认为家族企业的构成要素有以下几个：家庭成员对企业的效益影响很大，甚至决定着企业的未来愿景；家庭成员所持有的股份超过了半数；家族整体可以控制着企业的未来；公司的高层管理者主要由家庭成员组成。④ 研究者霍兰德（Hollander）和埃尔曼（Elman），他们认为家族企业是由家族成员控制的，并享有公司经营决策权的企业，实际的控制者只要有家族成员即可。⑤ 阿斯特拉汉（Astrachan）和尚克（Shanker）的观点更具有前瞻性，他们以"牛眼模型"为理论基础，从三

---

① Churchill N.C. Hatten K.J. Non-Market-Based transfers of wealth and power: A research framework for family business [J]. *Family Business Review*, 1997, 10(1): 53-67.

② 应焕红. 家族企业制度创新 [M]. 北京：社会科学文献出版社，2005.

③ Rosenblatt P.C. Mik L.D. Anderson R.M. et al. The family in business [J]. *Family Process*, 1985, 15(4): 603-603.

④ Cromie S. Stephenson B. Monteith D. The management of family firms: An empirical investigation [J]. *International Small Business Journal*, 1995, 13(4): 11-34.

⑤ Hollander B.S. Elman N.S. Family-Owned businesses: An emerging field of inquiry [J]. *Family Business Review*, 1988, 1(2): 145-164.

个方面阐述了家族企业的构成要素,首先家族中至少有一名成员拥有企业的所有权;其次企业的创始人把企业的所有权交给直系亲属,家族其他成员只是持有公司的部分股份,并没有被安排在企业的重要部门中担任要职;最后家族成员只在企业的战略决策中拥有决策权,原则上不干涉企业的经营管理。[1]

此外,我国少数学者认为,家族企业的资本所有权由家族控制,家族有权对企业进行经营管理。他们认为,家族干涉企业的经营程度是有分类的,据此把家族企业分为三类。[2] 国内学者储小平评价到:受到"泛家族"理论的影响,家族企业应该重新来进行定义。他认为,家族应该包括家庭,外延至家族和延伸的关系,这些都应该包含在家族范围内。我们应该把家族企业当作是家族成员对企业的各种关键权力所持有的动态情况,而非静态的。[3] 石峰和陈南岳从文化的角度来进行定义,认为家庭企业最标志性的特点是以血缘关系为纽带,体现鲜明的家族文化,由单一或多个家族组成的团体,控制着企业的各种关键权力,在管理过程中呈鲜明的家长制特征。[4]

(2)从家族企业的本质界定家族企业

有学者认为从家族涉入的视角定义家族企业,一来对家族涉入的具体要素缺乏精准的定义,二来难以从理论上论证为什么家族涉入会给家族企业带来不同于非家族企业的行为和绩效,所以很多具有相同家族涉入水平的企业并非都将自己划分为家族企业。[5] 基于此,有部分学者提倡应从其本

---

[1] Astrachan J.H. Shanker M C. Family businesses contribution to the U.S. Economy: A closer look [J]. *Family Business Review*, 2003, 16(3): 211-219.

[2] 潘必胜. 乡镇企业中的家族经营问题——兼论家族企业在中国的历史命运 [J]. 中国农村观察, 1998(1): 14-20.

[3] 储小平. 华人家族企业的界定 [J]. 经济理论与经济管理, 2004, V(1): 49-53.

[4] 石峰, 陈南岳. 家族企业理论综述 [J]. 南华大学学报(社科版), 2005, 6(4): 29-32.

[5] Chrisman J.J. Chua J.H. Sharma P. Trends and directions in the development of a strategic management theory of the family firm [J]. *Entrepreneurship Theory and Practice*, 2005, 29(5): 555-576.

质来界定家族企业。

现有研究中从家族企业的本质对其下定义主要有以下要点：第一，家族可以影响企业的战略方向；[1] 第二，家族希望保护和维持对企业的控制；[2] 第三，家族涉入和家族与企业的互动可以带来独特的、难以分割的、协同性的资源和能力。[3] 以上观点认为，家族企业之所以被称为家族企业，是因为家族系统和企业系统的融合创造了互补性的经济和非经济价值。家族和企业系统的结合形成了难以复制的能力和"家族性"，促进了家族企业的生存和发展。[4] 此外，家族和企业系统的融合以及代际传承的意图也会提高家族成员的效用，并对他们的行为和决策造成影响。但也有研究提出，家族企业本质上的意图和行为是受到所有权和经营权传承影响的闭环结构，会限制家族企业对其特殊能力和"家族性"的创造与更新。[5] 与此类观点相同，有学者基于委托代理理论的视角提出：利他主义和维持家族管理的意图，会促使家族和企业系统的融合从而导致特殊资源失效。[6]

基于家族涉入和本质这两个视角对家族企业进行界定，最大的分歧是条件的充分性。家族涉入的视角认为，家族涉入的要素已经足以证明一家企业为家族企业；而基于本质的视角则认为，家族涉入只是家族企业的必要条件而非充分条件。基于家族企业本质的视角，只有家族涉入使这个

---

[1] Davis J.A. Tagiuri R. The influence of life stage on father-son work relationships in family companies [J]. *Family Business Review*, 1989, 2(1): 47–74.

[2] Litz R.A. The family business: Toward definitional clarity [J]. *Family Business Review*, 1995, 8(2): 71–81.

[3] Chrisman J.J. Chua J.H. Litz R. A unified systems perspective of family firm performance: an extension and integration [J]. *Journal of Business Venturing*, 2003, 18(4): 451–465.

[4] Habbershon T.G. Williams M.L. A resource-based framework for assessing the strategic advantages of family firms [J]. *Family Business Review*, 1999, 12(1): 1–25.

[5] Stewart A. Help one another, use one another: Toward an anthropology of family business [J]. *Entrepreneurship Theory and Practice*, 2003, 27(4): 383–396.

[6] Schulze W.S. Lubatkin M.H. Dino R.N. Toward a theory of agency and altruism in family firms [J]. *Journal of Business Venturing*, 2003, 18(4): 473–490.

家族企业具有了有别于其他类型企业的行为特点之后，才可以将其视作是判断家族企业的凭证。虽然有的企业在经营过程中有家族涉入，但缺乏家族企业本质上的愿景、家族性和行为，因而就不能被认定为家族企业。针对家族企业界定上存在的分歧，有研究将家族涉入和企业本质两大研究视角进行了融合。有学者提出一家企业能否被认定为家族企业取决于家族涉入如何影响企业，并在此基础上，将家族涉入量化成连续变量用于实证研究。[1] 如果从家族涉入的视角能解释家族涉入通过影响企业创造了何种价值，就能有效地将两大视角融合在一起，更好地理解家族企业的内涵。总地来说，如何判断一个企业是否是家族企业，最关键是要明确这一理论是否能够很好地区别家族企业和非家族企业，这需要研究者们根据不同的研究目的加以权衡与调整。

与本质视角相比，家族涉入的视角具备较强的可操作性，在实证研究中的应用较为广泛。从家族涉入的视角来看，相关研究中的企业到底属不属于家族企业主要是根据以下几点来做出判断的：一是股权在家族中的分配；二是家族成员对企业的控制权；三是在企业管理中家族成员所拥有的影响力或者以上三点中任意两点的组合。在特定的研究中，有的研究者判断一个企业是否是家族企业主要依据二分法，也有学者用连续变量衡量家族涉入程度或家族化（Familiness）程度来对家族企业加以研究。基于连续性角度的研究主要考察家族对企业的影响，并认为这是判断家族企业性质的有效方法，例如根据家族成员占用公司股份的多少或者在经营管理中占据多么重要的地位来界定家族影响[2]，或者根据家族多年经营所积累的经验、

---

[1] Klein S.B. Astrachan J.H. Smyrnios K X. The F-PEC scale of family influence: construction, validation, and further implication for theory [J]. *Entrepreneurship Theory and Practice*, 2005, 29(3): 321-339.

[2] Liang X.Wang L. Cui Z. Chinese private firms and internationalization: Effects of family involvement in management and family ownership [J]. *Family Business Review*, 2014, 27(2): 126-141.

企业特有的文化和家族在企业中的权力地位等不同的方面来研究家族的影响力等。[①] 家族企业的二分法界定主要采用家族股权等指标对家族企业和非家族企业进行区分。[②] 具体而言，家族拥有大部分股权和控制权，家族成员参与管理并影响企业决策的企业称为家族企业。[③]

本书基于文献基础，结合中国家族企业特征，认为采用二分法从家族涉入的角度界定家族企业更具实操性，也更符合本书的研究目的和要求。由此，将家族企业界定为"由家族所控制，家族成员参与经营"的企业。具体来说，本书认为家族企业应该满足以下条件：

第一，公司年报披露的最终控制人可以追溯到家族或自然人。

第二，最终控制人直接或间接持有公司，且是公司的第一大股东，至少持有10%的公司股份或持有的股份至少大于临界控制股份。

第三，家族成员参与到企业经营管理中，担任除董事长以外如董事、监事、高层管理者或核心技术人员等职务。

在后续研究样本企业的选取上，本书主要按照以上标准对家族企业进行筛选。

家族企业并非仅限于非上市公司，随着企业的绩效提升，同时迫于融资再发展的需求，很多家族企业选择公开上市。有研究认为，企业上市之后就成为公共企业，其股东数量等状况都发生了变化，与私人企业的概念

[①] Merino F. Monreal-Pérez J. Sánchez-Marín G. Family SMEs, internationalization: Disentangling the influence of familiness on Spanish firms' export activity [J]. *Journal of Small Business Management*, 2015, 53(4): 1164–1184.

[②] Fernández Z. Nieto M.J. Impact of ownership on the international involvement of SMEs [J]. *Journal of International Business Studies*, 2006, 37(3): 340–351.

[③] Arregle J.L. Naldi L. Nordqvist M. et al. Internationalization of family controlled firms: A study of the effects of external involvement in governance [J]. *Entrepreneurship Theory and Practice*, 2015, 36(6): 1115–1143.

互斥，因此对将家族上市公司归为家族企业的说法持怀疑态度。[1]然而，更多研究认为，从家族企业的定义出发，虽然上市之后股东数量大大增加，但家族仍然是企业的实际控制人，掌握对企业的实际控制。从这一角度而言，上市之后的家族公司仍然属于家族企业的范畴。而且从实证研究出发，上市家族公司在数据可得性上更容易，数据准确度和完整性更好，因此大部分有关家族企业的研究都将上市家族公司作为研究样本。[2]本书从家族涉入的角度界定家族企业，上市之后的家族公司在所有权和控制权特征上均未发生本质变化，因此，本书认同大部分家族企业领域学者的观点，将家族上市公司归为家族企业的范畴，并将中国家族上市公司作为主要的研究样本。

2.2 家族企业治理的特点

与非家族企业相比，家族企业治理的独特性往往体现在家族成员能够在企业中施加他们的影响力。家族企业的种种特点决定了其内部治理结构等方面存在着普通企业所没有的特征[3]，特别是当家族成员控制企业的所有权，并干涉企业经营时，内部治理结构往往会带有明显的宗族式色彩。[4]这种"内部人"的治理结构使家族成员掌握着企业的关键权力，形成家族和

---

[1] 张征, 卿涛. 家族参与管理、所有者年龄与企业绩效——基于中国非上市家族企业的实证研究 [J]. 软科学, 2015, 29(5): 96–100.

[2] 陈文婷, 李新春. 上市家族企业股权集中度与风险倾向、市场价值研究——基于市场化程度分组的实证 [J]. 中国工业经济, 2008(10): 139–149.

[3] Gubitta P. Gianecchini M. Governance and flexibility in family-owned SMEs [J]. *Family Business Review*, 2002, 15(4): 277–297.

[4] Villalonga B. Amit R. How do family ownership, management, and control affect firm value？[J]. *Journal of Financial Economics*, 2006, 80(2): 385–417.

企业的闭环结构（如图 2-1 所示）。企业的创始人在获取企业利润的同时，也在追求经济利益之外的目标[①]，所以家族通过制定为集团量身打造的内部治理体制，掌握了企业经营的重要决策权，不受任何制约地促使企业成为其家族创造财富和资本积累的工具。

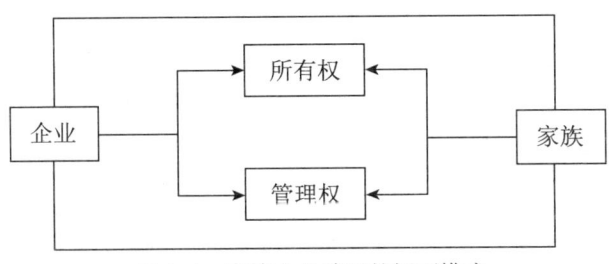

图 2-1　家族企业治理的闭环模式

资料来源：李维安，牛建波. CEO 公司治理（第 2 版）[M]. 北京大学出版社，2014：112.

家族企业被认为是家族系统和企业组织两者的交集，每个部分都有着自己的战略目标，所以当家族企业正常运营的时候，两个部分必须要履行好自己的职责。鉴于家族企业治理上的特殊性，学者们建立了多种模型来考察家族企业中家族与企业之间的交互作用，分析家族企业中的治理矛盾和冲突。

塔旧里（Tagiuri）和戴维斯（Davis）创立了家族企业治理的三环模型（如图 2-2 所示）。该模型的核心是把家族企业分成了三个互不影响但彼此涉及的环节，即企业组织、企业所有权和家族成员。每个环节各司其职和行使自己的权力。在这三个环节的交集部分，数字 7 所代表的区域是最为扑朔迷离的，因为家族成员既是企业的股权所有者，也是企业的经营管理者。三环模型能够详细地分析家族企业内部矛盾产生的原因，从而成为企业管理层改进企业内部治理结构的依据，做到各方利益的相对平衡。

---

① Chrisman J.J. Chua J.H. Pearson A.W. et al. Family involvement, family influence, and family-centered non-economic goals in small firms [J]. *Entrepreneurship Theory and Practice*, 2012, 36(2): 267–293.

```
        企业
         2
      6     5
         7
   1         3
         4
   家庭      所有权
```

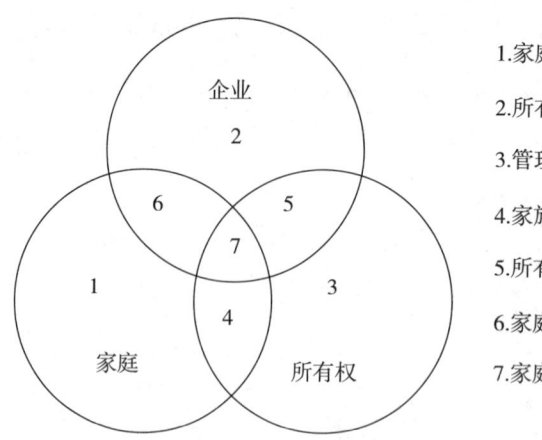

1. 家庭成员
2. 所有者
3. 管理者
4. 家庭成员-所有者
5. 所有者-管理者
6. 家庭成员-管理者
7. 家庭成员-所有者-管理者

图 2-2　家族企业治理的三环模型

资料来源：Tagiuri R, Davis J. Bivalent attributes of the family firm [J]. *Family Business Review*, 1996, 9(2): 199-208.

西方学者纽鲍尔（Neubauer）和兰克（Lank）以三环模型为参照，把企业内部治理的主导者进行拓展，并用三个圆环分别代表企业的股东、企业管理层和董事会。家族代表的数字与这三个环重叠，原来的7种角色变成了15种角色（如图2-3所示），家族在企业中复杂的地位通过这个图形可以更为清晰地得以体现。

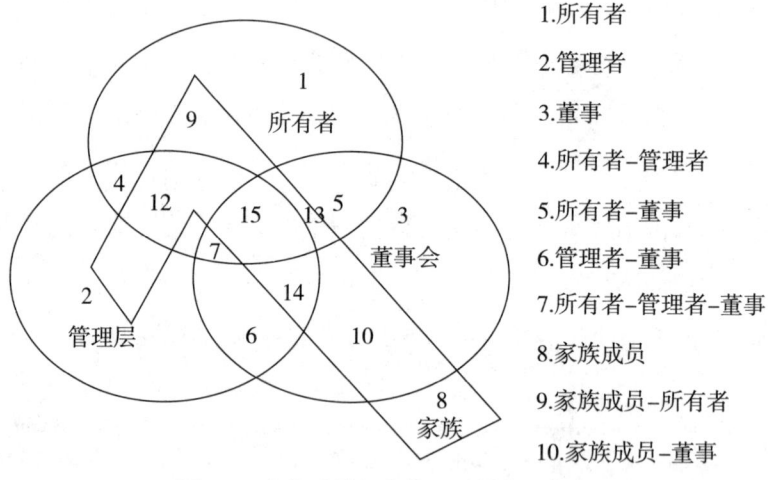

1. 所有者
2. 管理者
3. 董事
4. 所有者-管理者
5. 所有者-董事
6. 管理者-董事
7. 所有者-管理者-董事
8. 家族成员
9. 家族成员-所有者
10. 家族成员-董事

图2-3　家族成员与企业三环的交互角色

资料来源：Neubauer F, Lank A G. The family business: Its governance for sustainability [J]. *Long Range Planning*, 1998, 31(5): 798–808.

卡洛克（Carlock）和沃德仍然以三环模型为参照，增加了董事会和家族理事会的管理结构，主要凸显家族成员在管理过程中的作用（如图 2-4 所示）。家族理事会通过定期的家族会议讨论本企业的重要事务，成为了企业内家族成员间进行有效沟通的平台。

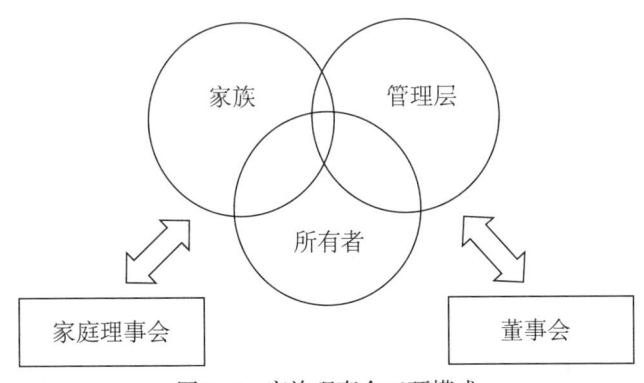

图 2-4　家族理事会三环模式

资　料　来　源：Carlock R S, Ward J L. Strategic planning for the family business parallel planning to unify the family and business [M]. Palgrave, 2001: 74.

以上的三环模型都揭示了家族企业与非家族企业相比，有着更加错综复杂的治理关系网络。复杂之处不仅表现在公司内外部的利益相关方，还有家族内部成员和非家族成员的利益相关者。我们可以看出，家族企业的治理更为复杂，它应该有两个治理中心，分别是家族和企业。费孝通曾经提出，企业里任职的家族成员，会根据近亲和远亲的关系来作为权力划分多少的重要依据。企业的拥有者处在家族企业权力的核心位置，会根据血缘关系亲疏的不同，不断将权力的核心位置向外延伸，与权力中心最为接近的应该是企业主的直系亲属，如子女或配偶等（如图 2-5 所示）。

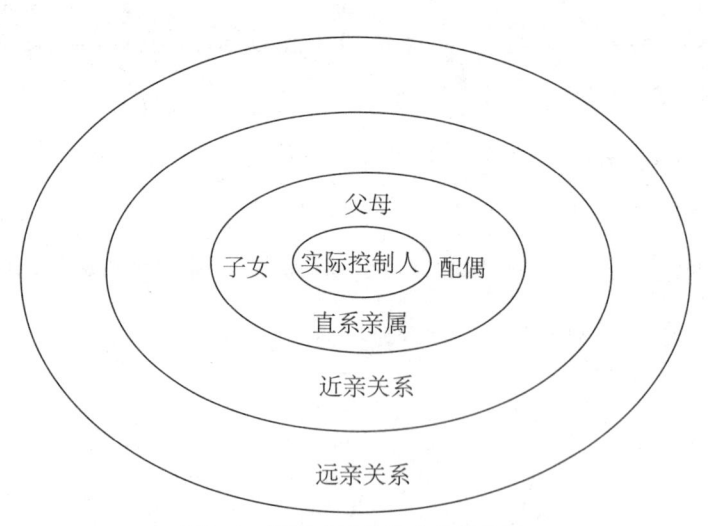

图2-5　家族成员的权力差序格局

资料来源：费孝通．乡土中国 生育制度[M]．北京大学出版社，1998：214．

  之前的分析模型都是静态分析模型，而盖尔西克在静态模型的基础上加入了时间维度，进一步提出了家族企业治理的三极模型，将家族企业演进模型由静态推向了动态（如图2-6所示）。盖尔西克的三极发展模型把家族企业划分为三个维度，分别是家族、企业和企业所有权，每个维度都有着自己的角色定位。在模型中，以原点为中心并向外延发展的点，代表着每个维度的高级发展状态。家族企业生命周期的各个阶段，都能在每个维度中找到自己的角色定位，还能够基于自己的特质和目标，找到自身与所定目标之间的差距，不断调整自己的行为。

  从家族维度来看，可以划分为四个阶段：第一阶级宗族的威信。这个阶段是家族企业从无到有的创立时期，企业的创始人掌握企业的全部权力，也就是家族企业的家长。由于创业的家长往往比较年轻，其子女未成年不能参与到企业的管理中。第二阶段是家族的其他成员逐渐开始参与到企业的经营活动中来。这一现象表明了企业步入成长期，现有领导人开始考虑从家族内部选拔出优秀的亲属，并将之引入家族企业经营中。第三阶段是协作期。由于进入到企业内部的家族成员越来越多，因此开始对其成员进行明确分工，各自履行自己的职责并相互协作。第四阶段是权力的分配和交接。企业的创始人由于年龄的增长和精力的有限，开始考虑家族成员接班问题，并通过考察选出业务能力精湛和年富力强的未来领导者。从企业所有权的角度来看，可以分为三个阶段。第一阶段是股权集中在企业创始人的手里。这是因为企业初始阶段的投资完全是由创始人来完成的，属于内源性投资。第二阶段是家族的主要成员开始投资企业，成为企业的股东。在企业逐步发展并趋于稳定时，家族成员因为内在与外在的原因，逐渐参与到企业的经营中来，为了激励家族成员为本家族的利益共同奋斗，或者是企业为了扩大规模继续投融资，创业者分配股权或是鼓励家族成员纷纷参股。第三阶段是企业股份多元化阶段。企业经过最初的稳定期后，有足够的欲望快速扩张，但是家族内部的资金已经很难达到企业发展的要求，需要从外部进行融资，因此外部的参股使得家族的控制力下降。以企业的角度来看，也分为四个阶段。第一阶段是企业创始初期。这时对于企业主来说无非是摸着石头过河，经营的风险非常大。数据统计，将近40%的美国企业在成立不到两年即宣告破产。第二阶段是发展期。企业逐渐获利，并不断地发展壮大，有了颇为稳定的客户资源，企业内部制度也有章可循。第三阶段是成熟期。企业的内部治理结构已经基本固化，确立了自己在市场中的地位。第四阶段是转型时期。转型成功会拓展更多的社会融资渠道，淡化家族企业的色彩，有利于现代企业的确立；如果转型失败，会激化家族利益和外部利益之间的矛盾，甚至不可调和而导致功亏一篑。

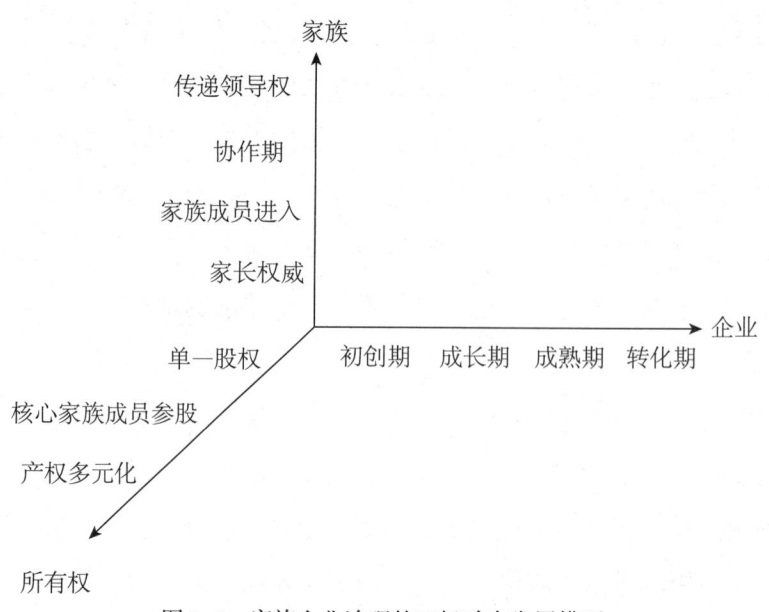

```
                    家族
                     ↑
            传递领导权 |
                     |
              协作期  |
                     |
          家族成员进入 |
                     |
            家长权威  |
                     |
     单一股权         |              初创期  成长期  成熟期  转化期         企业
                   ⟋ └─────────────────────────────────────────→
   核心家族成员参股 ⟋
                ⟋
       产权多元化
              ⟋
             ↙
          所有权
```

图 2-6　家族企业治理的三极动态发展模型

资料来源：Gersick K.E. Davis J.A. Hampton M.C. et al. Generation to generation: A life cycle of the family business [M]. Harvard Business School Press, 1997: 161–162.

以上的研究认识到家族参与在家族企业治理中所形成的独特性，但建立的分析模型都停留在理论推演层面，并没有将之推广到实证研究中。基于此，阿斯特拉汉等人创立了一种称为 F-PEC 量表的模型（如图 2-7 所示），能对家族对企业的影响做出全面而连续的评价。该模型包括三个维度，即权利、经验和文化。其中权利维度从所有权、治理权和管理权三个方面来解释；经验维度主要体现在家族成员之间交流对企业有帮助的经验，以此来为企业的发展做出更多的贡献；文化维度主要是衡量企业内部文化对本企业所体现的影响度。为了便于检测量表，以克莱因（Klein）为代表的学者们通过问卷调查的方式，对采集的信息进行因子分析，证实了 F-PEC 量表在评测家族对企业影响方面所体现的权威度，用实证分析证实了量表的可行性。[①]

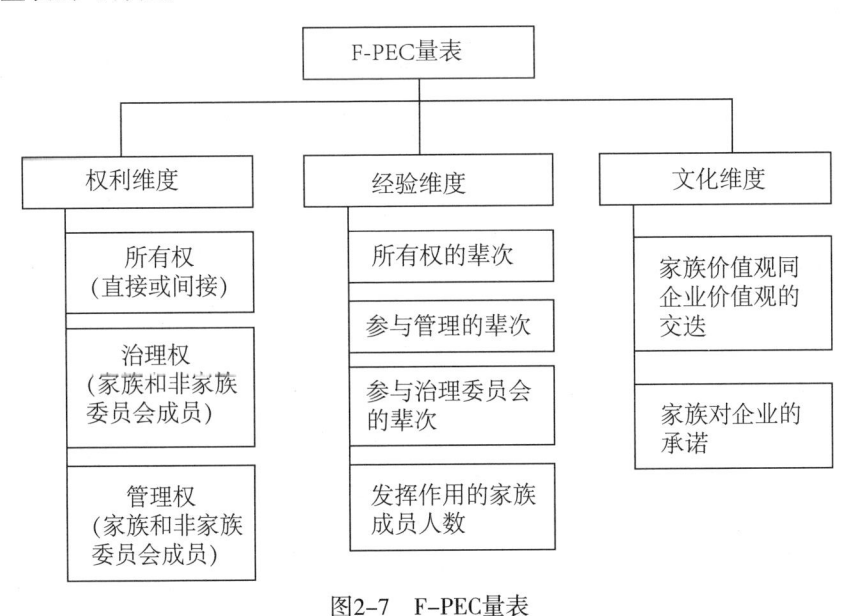

```
                    ┌─────────────┐
                    │  F-PEC量表   │
                    └──────┬──────┘
        ┌──────────────────┼──────────────────┐
   ┌────┴────┐        ┌────┴────┐        ┌────┴────┐
   │ 权利维度 │        │ 经验维度 │        │ 文化维度 │
   └────┬────┘        └────┬────┘        └────┬────┘
        │                  │                  │
   ┌────┴────┐        ┌────┴────┐        ┌────┴────┐
   │  所有权  │        │所有权的辈次│       │家族价值观同│
   │(直接或间接)│      └─────────┘        │企业价值观的│
   └─────────┘        ┌─────────┐        │   交迭   │
   ┌─────────┐        │参与管理的辈次│     └─────────┘
   │  治理权  │        └─────────┘        ┌─────────┐
   │(家族和非家族│     ┌─────────┐        │家族对企业的│
   │ 委员会成员)│     │参与治理委员会│      │   承诺   │
   └─────────┘        │  的辈次   │       └─────────┘
   ┌─────────┐        └─────────┘
   │  管理权  │        ┌─────────┐
   │(家族和非家族│     │发挥作用的家族│
   │ 委员会成员)│     │ 成员人数  │
   └─────────┘        └─────────┘
```

图2-7　F-PEC量表

资料来源：Astrachan J.H. Klein S.B. Smyrnios K.X. The F-PEC scale of family influence: A proposal for solving the family business fefinition problem [J]. *Family Business Review*, 2002, 15(1): 45–58.

---

① Klein S.B. Astrachan J.H. Smyrnios K.X. The F-PEC scale of family influence: construction, validation, and further implication for theory [J]. *Entrepreneurship Theory and Practice*, 2005, 29(3): 321–339.

第3章

家族企业代际传承

无论是维持家族管理还是选择职业化经营，其本质上都涉及家族企业的传承问题。为了更全面地对家族管理和职业化经营的问题进行探讨，本书对家族企业代际传承的相关文献进行梳理。从 20 世纪 50 年代起学者们逐渐认识到研究家族企业代际传承的重要性，在所有研究家族企业的学者中，至少有两成的人都对代际传承做过研究。[1]家族企业要想不断发展、基业长青，其必须很好地完成代际传承这一核心阶段。在中国，随着家族企业的大量出现和高速发展，有越来越多的学者开始对家族企业进行研究。在改革开放之后，得益于政策的红利，中国主要的民营企业在这一时期建立和发展，它们中的很大一部分都是以家族的形式发展壮大的[2]，通过多年的奋斗，有很大一批家族企业生存了下来，同时也获得了稳定的市场和收益，但是这些企业都面临着同样的问题，那就是企业的第一代创始人已经逐渐老去，从精力和思维上已经不适合掌控企业。那么，怎样把企业的经营权顺利地传递给家族的第二代，怎样使企业继续发展、提升就成为了大部分研究者和企业家所关心的核心问题。

---

[1] Chua J.H. Chrisman J.J. Sharma P. Defining the family business by behavior [J]. *Entrepreneurship Theory & Practice*, 1999, 23(4): 113–130.

[2] 陈凌，应丽芬. 代际传承：家族企业继任管理和创新 [J]. 管理世界，2003 (6): 89–97.

3.1 家族企业代际传承的内涵

对于现在的研究者们，如何使家族企业在面对代际传承时依然能够使企业保持平稳发展甚至使企业在原有的基础上更进一步，使得家族企业平稳度过这一个重要的转折阶段是他们十分热衷的一个研究课题，同时也引起了企业家的重视与思考。但是目前的研究成果依旧不能使我们对家族企业代际传承的内涵有一个很清楚的认识，所以依然需要对代际传承的内涵进行讨论。

国内外诸多学者都对家族企业的代际传承进行了界定。其中，布罗克豪雅（Brockhaus）认为，家族企业应该是通过代际相传的；[1] 兰布雷茨（Lambrecht）认为家族企业从第一代传到第二代再继续传承下去的过程，并不是一个静止的过程，而是一个连续的动态过程。企业的创立者把企业的文化和创业理念等手把手地传承给他的接替者。[2] 我国研究者对代际传承的研究有很多，其中比较有名的有晁上，他认为家族企业核心权力的代代相传，是家族企业的领导者把企业的所有权和经营权交接给下一代直系或者是具有血缘关系的二代接班人手中，这实际上也是家族权威和财富等的传承。从下一代进入到家族企业到企业的创始人退居二线，一直到二代成为

---

[1] Brockhaus R.H. Family business succession: suggestions for future research [J]. *Family Business Review*, 2004, 17(2): 165–177.

[2] Lambrecht J. Multigenerational transitionin family businesses: A new explanatory model[J].*Family Business Review*, 2005, 18(4): 267–282.

稳定的企业接班人为止。[1]李蕾的评价更具代表性,李蕾认为家族企业的一代代传承是企业的实际掌控者把企业的领导权交接给自己的晚辈,也可以是非家族成员,一般是能力很强的职业经理人;[2]窦军生和贾生华则提出家族企业的代际传承其实是企业家独特优势的一个传递,这些优势包括积累多年的经验和知识、人际关系网络和企业家独有的精神品质等;[3]黄锐认为,企业的传递范围是两代人之间,企业领导层核心人员的更换都是家族成员。[4]

虽然各个学者的表述和侧重点不尽相同,但可以肯定的是,家族企业代际传承的对象不仅仅是企业的资产,还包括家族权威的确立、权力的更迭以及企业文化的传承等。家族企业代际传承的对象应该是多个方面的传递,所以应该从多元化的角度来看待这种现象。首先,从经济学的维度来出发,涉及传承的对象有企业的所有权和经营管理权等重要权利,因此普遍认为企业的代际传承表面上是领导人的更换,其实是企业众多权力的交接。[5]家族企业最鲜明的特点是企业的所有权和经营管理权都掌握在家族核心成员手里,特别是家族内部持有企业绝大多数的股权。[6]一般情况下,企业的所有权和经营管理权两者是同时传承给下一代,也有不同步的现象存在。其次,从社会管理学的维度来分析,代际传承的对象也可以是企业价值观和企业文化的一脉相承[7],或者是企业创新精神的延续。有的学者提倡

---

[1] 晁上. 论家族企业权力的代际传递 [J]. 南开管理评论, 2002 (5): 47–51.

[2] 李蕾. 家族企业的代际传承 [J]. 经济理论与经济管理, 2003 (8): 45–48.

[3] 窦军生, 贾生华. 家族企业代际传承研究演进探析 [J]. 外国经济与管理, 2007 (11): 45–50.

[4] 黄锐. 家族企业代际传承研究综述 [J]. 山东社会科学, 2009 (9): 96–99.

[5] Chittoor R. Das R. Professionalization of management and succession performance—A vital linkage [J]. *Family Business Review*, 2007, 20(1): 65–79.

[6] 余向前, 张正堂, 张一力. 企业家隐性知识、交接班意愿与家族企业代际传承 [J]. 管理世界, 2013(11): 77–88.

[7] Nordqvist M. Zellweger T. Transgenerational entrepreneurship: exploring growth and performance in family firms across generations [J]. *International Small Business Journal*, 2010, 29(6): 730–731.

家族企业的代际传承指的是很多核心要素在一代一代之间的转移和传承。就个人而言，代际传承是企业领导者价值观和能力魄力的传承；[1]就家族集体而言，代际传承是家族威信的传承，是社会关系网的整体传承；[2]从企业组织的角度来定义，是企业战略和重要权力的转移。[3]

3.2 家族企业代际传承模式

家族企业的代际传承，表面上可以理解为上一代经营者的退休以及新一代家族成员开始接手企业经营并在企业中建立自己的影响力，其实在此之前需要完成很多准备工作，如接替计划、接替者的选拔、传承效果的预估等。家族企业的传承是复杂的动态过程，而不是简单的现象，在现象的背后是复杂的选材和观察过程。很多研究者将这个过程视为是从二代家族成员进入企业为开始，通过数年的摸爬滚打最终成为企业的继任者为结束，这个阶段充满着曲折和坎坷，但这种传承的方式被认为是最为合理科学的。下面介绍国内外具有代表性的代际传承的模型（见表3-1）。

关于家族代际传承的研究表明，代际传承模式还有一个特质就是所谓的"子承父业"，这是我国家族企业最为典型的标志。国际上的研究表明，"子承父业"一般是被家族企业默认的。由于社会环境的不同，我国的家族

---

[1] 窦军生,贾生华.家业何以长青？——企业家个体层面家族企业代际传承要素的识别[J]. 管理世界, 2008, 180(9): 105–117.

[2] 杨学儒,朱沆,李新春.家族企业的权威系统与代际传承[J]. 管理学报, 2009, 6(11): 1492–1500.

[3] 宋继文,孙志强,文珊珊等.中国家族企业的代际传承过程研究——基于组织行为学与社会学的视角[J]. 管理学报, 2008, 5(4): 522–527.

企业受到我国传统思想的影响，虽然传承的方式不尽相同，但是万变不离其宗，都紧紧围绕着子承父业的主线，可以说在将来的很长时间内都会成为主流传承模式，虽然有很多瑕疵，但是这是利益各方长久斗争和妥协的结果，具有一定的稳定性。诚然，子承父业并不是一蹴而就的，也需要一段时间才能完成，在企业的领导者考察历练继任者的过程中，继任者的自身努力也能够有利于企业的长期发展。[①] 学者王丽利用我国传统文化的精髓，把所谓的"子承父业"划分为六类——"老臣牵马""团队扶植""女婿或养子继承""诸子分股""长子继承"和"诸二代竞争"。[②] 假如企业的创始人有很多子女，会在这些子女中择优选择企业权力的继任者，一般以男性为首选。有的二代是独生子女，特别是独生女，对于这种情况，女婿也就顺其自然地成为了代际传承的对象。子承父业的代际传承模式，其实是受到我国传统思想的影响，如典型的"肥水不流外人田"以及"传男不传女"等，同时与我国当前的市场机制不成熟，如市场法规不完善等也有很大的关系。家族企业比较认可这种模式，除了家族亲情的影响之外，也受到宗族伦理、市场环境以及权力的性质等影响。

表3-1　家族企业代际传承模型汇总

学者	代际传承模型
朗加内克（Longenecker）和舍思（Schoen）（1978）	以接班人进入企业时间和领导权从创始人到接班人的传递时间作为时间维度，将家族企业的代际传承过程分为7个阶段
丘吉尔（Churchill）和哈滕（Hatten）（1987）	将家族企业代际传承过程分为：创始人阶段、子女培养和发展阶段、父子共同管理阶段和权力传递阶段，首次将传承拓展到二维空间

[①] 李新春，苏晓华.总经理继任：西方的理论和我国的实践[J].管理世界，2001 (4): 145-125.
[②] 王丽娜.家族企业继任方式及其影响因素的国际比较[J].科学经济社会，2010 (1): 62-65.

续表

学者	代际传承模型
汉德勒（1990）	提出四阶段角色调整模型，认为传承的过程实质就是创始人管理程度减小和领导者权威的逐渐减弱，接班人初步接管企业管理权的过程
格瑞西克（Gresick）（1999）	提出三级发展模型，动态地展示了家族的生命周期、企业所有权的史替和企业生命周期相互更替的动态关系，分为积累发展压力、触发、脱离、探索选择、选择和实施新结构六个阶段
马休兹（Mattews）（1999）	提出M-M-F认知类路径分析模型，将领导权的交接分为4种：接班人对创始人的认知归类、创始人对接班人的认知归类、创始人自我认知和接班人自我认知。该模型肯定了心理因素在代际传承中的作用
默里（Murray）（2003）	从周期来看家族企业的代际传承，认为传承可以分为6个阶段：准备阶段、某一事件引发传承及体眠阶段、传承探索阶段、触发事件终结探索阶段、创始人做出选择阶段和传承结果实施阶段
罗杰（Rodger）（2006）	提出继任者竞争阶段模型，根据继任者将传承阶段分为3个阶段：社会实践阶段、全面进入工作阶段和管理阶段。并且在每个阶段都给出相应的判断标准，达不到标准就会被取消继承资格
晁上（2002）	提出家族企业代际传承4阶段论，将家族企业代际传承中权力的转移应分为准备、融合前期、融合后期、移交4个阶段完成
李蕾（2003）	将传递过程分为5个阶段：接班人完成正规教育、接班人进入企业负责某项业务、接班人进入管理层、接班人担任关键管理职务、接班人全权负责企业的经营决策
窦军生、邬爱其（2005）	认为家族企业的代际传承具体可分为4个阶段：传承决策、继承人的培养、继承人的甄选和权杖最终交接。每个阶段完成独特的任务，才能实现所有权和经营管理权从一种形态向另一个形态的转变
张薇（2007）	立足于核心权力的传接建立了"中国式"家族企业代际传承模型，将家族代际传承分为5个环节，分别为选择、培养、评价、确立和最终权威形成
余向前（2008）	总结了家族企业代际传承包括渐进式传递和分层次传递。渐进式传递是指尽早培养和锻炼二代继承者，最终能够平稳完成权力传承。分层次传递是指让二代继承者熟悉日常经营活动后逐渐接管企业

资料来源：作者自行整理。

3.3 代际传承对家族企业战略转型的影响

家族企业的战略转型基本是由家族企业创始者的意志决定的，这是一般企业所没有的。家族企业战略转型的目的是为了企业的长远发展，并通过代际传承下去，这种行为需要家族成员的全力支持，并且具有主动和创新的特点。

企业的创始人是家族企业战略转型的主推者，特别是企业创始人的创新能力决定着企业战略转型的走向，这是家族企业创业导向的必然行为。创业导向即企业侧重于主动型的战略转型和创新，从而增强竞争力，并希望看到企业的巨大变化。[①]家族企业的诞生与家族成员的创业活动是分不开的，创业不仅是企业发展过程中的阶段性战略，还贯穿于家族企业从创立初始到发展壮大的全过程。创业的实质就是寻找新的契机，不仅仅体现在企业创始人身上，更体现在企业大局的战略转型中。战略创业是企业战略管理和创业的契合，双方是相辅相成的，能够为企业带来最大的经济效益。[②]战略转型的表现方式有很多，其中代表性的有开发新市场、拓展海外市场、实现业务的多样化战略，也包括放弃原有行业转型，可以分为多样化转型和跨行业转型。家族企业的数次创业以及二代创业等战略转型都能够展现出家族成员的创业精神，都属于战略转型的范畴。

[①] 郭萍，陈凌. 华人家族企业如何基业长青？——第五届"创业与家族企业成长"国际研讨会侧记 [J]. 管理世界，2010 (1): 152–156.

[②] 许爱玉. 基于企业家能力的企业转型研究——以浙商为例 [J]. 管理世界，2010 (6): 184–185.

代际传承过程中出现的如家族企业的经营管理权发生变更现象，这些和企业创新以及多样化的战略转型是有关联的。家族企业在传承中进行创业。家族二代发起的战略转型也可以被看成是家族企业在传承中创业的特定方式。[①]二代继承者可以继承老一辈创业者奠定的事业基础，或者利用家族企业获得的资源和人脉关系实现战略转型，并使自己的事业更上一层楼，更多的二代继承人在继承的过程中坚持创业，实现创业式接班。[②]创业者试图通过二代参加的战略转型历练二代接班人，同时增强第二代经营者打破常规寻找新出路的能力，并通过这一过程使二代可以找到符合自己价值观的团队成员，来帮助二代对企业的经营和创新提供帮助。不少海内外的研究者重点研究了家族企业代际传承与企业战略转型之间的关系。但是国外关于家族二代与企业战略转型之间的研究更具有优势。特别是学者扎布洛（Zahra）提出的观点，在几代家族成员共同管理的家族企业里，下一代的家族成员往往更勇于创业，这种倾向往往能够促进企业的战略转型。[③]原因在于两个方面，其一，两代家族成员之间存在着社会阅历和受教育水平的差异，特别是二代家族成员受教育的水平更高，能够为企业的改革和发展带来新的东西。受教育水平与创新意识是呈正向关系的，所以两代家族成员之间的社会阅历和世界观是有分歧的。[④]其二，有上进心的家族二代为了证明自己的能力和追求成为企业最终的权力接班人，更乐于使用改革的方法推动企业的发展，同时愿意涉足其他产业，这就为家族二代的创业提供了前所未有的机遇。

[①]郭超.子承父业还是开拓新机——二代接班者价值观偏离与家族企业转型创业[J].中山大学学报(社会科学版), 2013 (2): 189–198.

[②]陈凌,王河森.中国家族企业的历史发展与现代转型——第七届"创业与家族企业成长"国际研讨会侧记[J].管理世界, 2012(4): 153–158.

[③] Zahra S.A. Entrepreneurial risk taking in family firms [J]. *Family Business Review*, 2005, 18 (1): 23–44.

[④] Wally S. Becerra M. Top management team demography and strategic changes in international diversification [J]. *Group and Organization Management*, 2001, 26(2): 165–188.

相比国外而言，我国关于代际传承与企业战略转型的探索相对落后，没有坚实的研究基础，但是家族二代成员找到新的领域来体现自己能力的过程受到家族企业代际传承的推动，从而使企业战略转型的进程加快。关于家族企业的代际传承与企业的战略转型之间的内在联系已日趋明了。倘若想保持家族企业在代际传承过程中的稳定发展，最重要的是家族创业和创新精神的延续和发扬光大，与领导权的交接没有必然的联系。家族二代通过创业行为冲破家族企业各种制度的束缚，把自己接受的先进知识运用到企业的战略转型过程中，通过这些举动体现了帮助家族企业腾飞的意愿。[1]代际创业是家族企业代际传承与创业相结合的中心内容，是创业者不间断地进行创新改革和企业总体创业行为的理论阐述。[2]以创业的角度来分析，家族企业代际传承，实际上是企业通过代际创业长远发展的过程。在此过程中，创业二代既是企业的所有者，不断做出重要的投资战略决策，又是企业的创业者，渴望实现自我价值，期冀以此来树立自己的威信，从而为推动企业的战略转型扫清障碍。[3]

上述的研究者都认为代际传承是有利于企业的战略转型的，并认为二代继任者相比老一辈的企业家更倾向于通过创新改革来制定积极的企业战略目标。但是新的研究对这些观点提出了质疑，当家族企业的经济效益比预期高的时候，企业的战略决策比较保守，缺乏居安思危的意识，而且经济效益越好，保守程度越严重；然而如果是企业的创始人管理本企业，家族企业的这种"富则思安"的思想有可能会不存在，但出于"打江山容易，守江山难"的习惯性思维的影响，到了二代掌控着企业的领导权时，二代继任者往往更倾向于守住老一辈的家业，而采取比较保守的企业战略决

---

[1] 李新春,何轩,陈文婷.战略创业与家族企业创业精神的传承——基于百年老字号李锦记的案例研究[J].管理世界,2008 (10): 127–140.

[2] 陈凌,王萌,朱建安.家族企业的现代转型[J].浙江经济,2012 (8): 34–35.

[3] 储小平,李桦.创业式接班[J].北大商业评论,2014 (12): 58–65.

策。[1]企业的创始人在创立企业伊始，就构建了初步的企业组织结构和企业文化制度[2]，他们本身创业就具有冒险精神，这种开拓进取的精神会抑制企业"富则思安"的思想，促使他们去追求最大的企业利润，而不是在短时间内故步自封。[3]但是与企业的创立者相比，二代继承人在经营企业时，如果父辈制定的管理模式为企业带来了巨大的财富和经济效益，二代继承人则会积极汲取父辈在企业管理上的经验，而不愿意去分析企业外部环境的变化[4]，而且二代经营者也缺乏父辈所拥有的创业经验[5]，这就会阻碍二代继承人进行大刀阔斧的企业改革，使企业的战略调整步履维艰。

---

[1] 张远飞,贺小刚,连燕玲."富则思安"吗？——基于中国民营上市公司的实证分析[J].管理世界, 2013(7): 130–144.

[2] Nelson T. The persistence of founder influence: Management, ownership, and performance effects at initial public offering [J]. *Strategic Management Journal*, 2003, 24(8): 707–724.

[3] Fahlenbrach R. Founder–CEOs, investment decisions, and stock market performance [J]. *Journal of Financial and Quantitative Analysis*, 2009, 44(2): 439–466.

[4] Dutton J.E. Duncan R.B. The creation of momentum for change through the process of strategic isue diagnosis [J]. *Strategic Management Journal*, 1987, 8(3): 279–295.

[5] Begley T.M. Using founder status, age of firm, and company growth rate as the basis for distinguishing entrepreneurs from managers of smaller businesses [J]. *Journal of Business Venturing*, 1995, 10(3): 249–263.

第4章

家族企业中的委托代理问题

4.1 委托代理理论

委托代理理论是20世纪30年代美国经济学家伯利（Berle）和法学家米恩斯（Means）在其出版的《现代公司私有财产》（*The modern corporation and private property*）中提出"所有权与控制权分离"这一命题之后，在信息不对称条件下发展起来的一种理论。契约理论的核心内容就是委托代理理论，由于非完备的公司契约，经营权和所有权分离，便自然产生了委托代理成本。公司的股东、债权人、管理者及其他利益相关方，在非完备的契约关系下连接在一起，这是委托代理理论的主要观点。在完全竞争的市场环境下，信息的错位会引起各个利益方主体为了各自的利益产生不同程度的矛盾。

根据委托代理问题涉及的不同利益相关者，现有研究中所关注的第一类委托代理是企业的经营管理者与企业的各个股东间的问题，是基于伯利和米恩斯范式下的委托代理问题。这一问题的根本原因就是企业的实际控制权和事实所有权没有掌握在同一类人手中，这就造成了实际的经营者会为了获得个人的利益而忽视甚至出卖股东的利益。由于管理者能够实际控制企业的经营管理，加上他们所掌握的信息优势，就可以在投资决策的过程中牺牲股东利益来达到自身的目标。第一类代理问题在欧美国家比较常见，这些国家公司的股权并不集中而且控股股东所拥有的股票比例并不高。第二类代理问题是控股股东与中小股东之间的利益矛盾，由于对所占股份较少的中小股东没有完善的保护措施，所以主要出现在新兴国家。[1]这一问题的根本原因就是企业的实际控制权和企业现金流的控制权没有掌握在同一类人手中，这就造成了实际掌握了企业控制权的控股股东会为了获得个人的利益而忽视甚至出卖中小股东的利益。第三类代理问题是股东与债权人之间的利益冲突。债权人将资金以借贷的形式投入企业之后，就可以享受到期拿回本金和利息的权利。作为外部人，债权人和股东之间存在信息不对称，在信息获取方面处于劣势。因此，企业所有者可以通过投资高风险项目、将借贷资金用于发放股利等行为来损害债权人的权益。[2]内部和外部控制人之间的代理关系是LLSV组合（LLSV是拉波塔、洛西滋·西拉内斯、安德烈·施莱弗和罗伯特·维什尼四位学者的简称）在总结了公司管理中出现的委托代理争议后所得出的观点。由公司的大股东和职业经理人构成所谓内部控制人，而中小股东和债权人则组成了外部控制人。LLSV组合的主要观点包括具有委托代理关系的公司内部控制人可能在知悉了全部的内幕消息后，利用外部控制人的信息错位，通过各种"隧道行为"造成公司利益的受损，所谓隧道行为涉及投资机会、定价转移、担保等方面，最终实现大股东和职业经理人的最大利益。[3]

基于委托代理理论延伸出的两大理论——利他主义和管家理论也被广泛应用到家族企业的相关研究中。理性经济人认为自利是人的天性，所以作为理性经济人，利己主义的行为其实有利于社会进步，因为利己主义带来了财富积累。利他主义则指通过牺牲自己的利益来改善他人的福利，达

---

[1] 翁宵暐，王克明，吕长江. 家族成员参与管理对 IPO 抑价率的影响 [J]. 管理世界，2014(1): 156–166.

[2] 肖作平. 终极控制股东对债务期限结构选择的影响：来自中国上市公司的经验证据 [J]. 南开管理评论，2011(6): 25–35.

[3] Porta R.L. Lopezdesilanes F. Shleifer A. et al. Law and finance [J]. *Journal of Political Economy*, 1998, 106(6): 1113–1155.

到提升行为人自身效用的目的。所以，利他主义在根本上仍然属于自利，因为主体在采取各种所谓利他行动的过程中仍然是为了自身效用的提高。研究表明，利他主义在家族性企业的日常管理和代际传递中都有呈现。具体表现为让家族子女及其他成员较早参与企业的日常运营管理，培养其关注家族产业、企业精神和各种社会联络的传承。为了后代平稳交接权力，实现接班，往往采取安排后辈出国求学、岗位锻炼、参加各种公开活动、选配得力助手等措施，这些措施都是利他主义在家族企业中的主要表现。[1]同时，对子女的这种慷慨和仁慈并非仅仅是对子女的关爱，更有利于父母自身效用的提升，这是作为理性经济人的家族成员所表现出来的特性。

学者们对家族的利他主义给企业带来的影响褒贬不一。利他主义对于促进家族联系，集中股权[2]，减少不对称信息带来的风险具有十分重要的意义，并有利于企业形成长期的竞争优势。[3]但利他主义也会引发各种不利影响，包括选聘流程的不公平对于企业发展的负面效应，以及为了袒护家族关系而漠视个别家族成员违反公司规章的行为，导致内部歪风邪气日益蔓延。从目前的研究成果来看，家族利他主义产生的影响仍未形成定论，可以肯定的是，利他主义带来的积极影响和消极影响是并存的。

部分学者认为利他主义有利于家族企业的成长发展。其主要观点认为在利他主义影响下，家族成员能够互帮互助，积极巩固家族的共同利益，虽然在市场贸易过程中利他主义效率低下，但是在家族企业管理效率方面作用明显。利他主义在企业中的实践，利用非正式契约来有效地降低各种

---

[1] 窦军生,贾生华.家业何以长青?——企业家个体层面家族企业代际传承要素的识别[J].管理世界, 2008, 180(9): 105–117.

[2] Berghe laavd, Carchon S. Agency relations within the family business system: An exploratory approach [J]. *Corporate Governance: An International Review*, 2003, 11(3): 171–179.

[3] Carney M. Corporate governance and competitive advantage in family-controlled firms [J]. *Entrepreneurship Theory and Practice*, 2005, 29(3): 249–265.

成员之间的信息错位，进而实现代理成本的减少。[1]利他主义对于家族成员间的知识传播和沟通有效具有有利的作用，并促进了家族企业的决策过程不断完善。[2]此外，利他主义在风险分担方面的作用也十分明显。家族成员感受到其对家族财富具有一定的求索权，其对家族共同的远期利益具有明显的风险承担意识，并愿意为此改变自己的偏好。[3]

然而，也有学者认为，企业度过初创期之后，诸如CEO顺风车、自我控制等由于利他主义的影响而产生的代理问题日益突出。[4]首先，CEO在利他主义的影响下有可能将企业的共有资源挪作他用，导致企业的投资率降低而消费率上升。其次，不对称的利他主义还会导致家族成员出现道德方面的问题。一方面，核心边缘的家族成员无法与核心家族成员一样对企业忠心耿耿，尽职尽责。因为边缘的家族成员在岗位上无法获得最重要的信任，这必然在家族成员中产生一定的代理成本，就像职业经理人一样的代理成本。另一方面，利他主义的不对称还会导致各种代理问题在子女与父母间日益加剧，且父母的利他主义水平越高，子女不愿意承担责任的倾向越明显。子女被宠坏的概率与父母的单向关爱程度呈明显的正相关。这充分说明家族成员中的顺风车和推责现象，家族成员的利他行为不匹配和信息错位有明显关系，家族的很多善意经常被利用。[5]再次，在利他主义影响下，各种绩效考核合约，也难以真正得以实施，一方面可能是因为业主不

---

[1] Daily C.M. Dollinger M.J. An empirical examination of ownership structure in family and professionally managed firms [J]. *Family Business Review*, 1992, 5(2): 117–136.

[2] Gersick K.E. Davis J.A. Hampton M C, et al. Generation to generation: Life cycles of family business[C]. Harvard Business School Press, 1997: 161–162.

[3] Stark O.Falk I. Transfers, empathy formation, and reverse transfers [J]. *American Economic Review*, 1998, 88(2): 271–76.

[4] Schulze W.S. Lubatkin M.H. Dino R.N. Toward a theory of agency and altruism in family firms[J]. *Journal of Business Venturing*, 2003, 18(4): 473–490.

[5] 魏春燕, 陈磊. 家族企业CEO更换过程中的利他主义行为——基于资产减值的研究[J]. 管理世界, 2015(3): 137–150.

愿意实施，另一方面是无法客观评价家族成员的真实业绩，此外，为了家族关系的稳定和谐，业主很难把效率较低的家族成员辞退。① 最后，由于非家族成员管理者在感受到各种不平等之后，往往会产生很多自我服务的消费行为，这种不平等主要是指家族成员总是能够在企业中获得更高的职位和各种特权，而这种职位和特权在其他企业根本无法获取，这些非家族管理者的行为，势必增加了相应的代理成本。这也是家族企业经营过程中的明显特征。②

管家理论（Stewardship Theory）同样是在委托代理理论的基础上发展起来的，但又不同于委托代理理论。二者的主要差异表现为委托代理理论认为委托人与代理人之间需要签订非隐形合同，委托代理理论认为这是委托人为了自身的利益所需；而管家理论则认为委托人与代理人之间只需要签订隐形合同即可，更多的是强调隐形的契约管理体系，因为管家理论认为管理者并不是理性人。以利他主义为理论基础的管家理论认为代理人会以委托人的利益为首要考虑，进行理性行为，同时代理人也认为实现其个人的最大价值就是通过努力工作，并帮助企业或组织实现价值的最大化来达到自己的目的。③

管家理论是从心理学、行为学、社会学等多角度多层次对企业的管理者进行研究，而不仅仅是从经济学角度将管理者看作企业的管家。管理者在个人价值追求和社会动机的推动下，将企业的利益和自身利益捆绑在一起，而不是仅仅考虑实现自身的利益最大化，在此基础上为公司服务，成

---

① Kole S.R. The complexity of compensation contracts [J]. *Journal of Financial Economics*, 1997, 43(1): 79–104.

② Schulze W. Lubatkin M.H. Dino R.N. Buchholtz A K. Agency relationships in family firms: Theory and evidence [J]. *Organization Science*, 2001, 12(2): 99–116.

③ Davis J.H. Donaldson L. Toward a stewardship theory of management [J]. *Academy of Management Review*, 1997, 22(1): 20–47.

为公司的管家。因此，管家理论在解释家族 CEO 的行为和家族企业方面的研究更为有利。家族 CEO 在家族企业中会注重家族企业的使命达成并能综合考量各方利益的诉求，更像企业的尽责管家。[1] 管家理论认为，过度依靠物质奖励对于企业绩效提升和 CEO 的合作愿望并无益处。一旦 CEO 成为家族眼中的投机者而被严加管制，那么 CEO 与家族之间的契约关系将很难实现健康持续。因此，内部成员往往成为家族管家，而缺乏足够的规则对其实施制约，并能获得足够的信任和支持。家族成员之所以会全力为企业服务，并不是为了践行契约，而是作为家族成员的责任心、自豪感和认同感在起作用。

结合家族企业的现实情境，米勒（Miller）等人指出管家行为通常包括以下三种[2]：

第一种为企业的延续性。家族管家在实现个人事业发展和帮助家族其他成员的过程中获得满足感，这种满足感促进了其延续家族企业并认同家族企业远期发展的信念。第二种为员工亲和性。管理者通过员工培训、责任分配以及创设一家人的文化氛围等三个方面实现对员工的鼓励、训练和价值观熏陶来达到与员工的共处。通过关注员工的个人发展，对员工进行职业培训，使得员工干好分内工作的同时还能为企业发展出谋划策，并实现企业的远期发展目标，这些一直是家族企业管理者重视的方面。同时重视提高员工的主人翁感，调动员工对企业工作的投入。最后，创设具有包容性的企业文化，让员工有一家人的归宿感，为了企业的长期发展而抱团合作，对于实现员工亲和性来说也十分重要。第三种是顾客的长期性。实现顾客和企业的长期有效的关系，提高顾客的忠诚度，加强与顾客的关系，

---

[1] Miller D. Breton-Miller I.L. Family governance and firm performance: Agency, stewardship, and capabilities [J]. *Family Business Review*, 2006, 19(1): 73-87.

[2] Miller D. Breton-Miller I.L. Scholnick B. Stewardship vs. stagnation: An empirical comparison of small family and non-family businesses [J]. *Journal of Management Studies*, 2008, 45(1): 51-78.

是保持顾客关系长期性的关键。管家实现与顾客较为亲密的关系可以利用管理者之间的营销网络来进行联系。

4.2 委托代理问题在家族企业中的体现

对于家族企业委托代理问题的研究主要聚焦于第一类（所有者和经营者之间的矛盾）和第二类（大股东和中小股东之间的矛盾）代理问题。因为家族企业有其不同于其他类型企业的独特性，所以这两类问题在家族企业中也产生了自己独特的性质。

之所以会发生第一类委托问题，主要是因为在家族企业中企业的经营管理权和企业股份的所有权是相互分离的，因此家族企业能够降低代理成本，代表了一种高效的治理模式。[1]从第一类委托代理问题产生的原因来分析，我们可以认为通过企业所有权和经营权的逐渐被集中，能够使代理成本不断地降低。如果企业的所有者兼具所有权和经营权于一身，代理成本就会忽略不计。家族企业的最大特点就在于所有权掌握在具有血缘关系的代理人手中，因此不会侵犯其他所有者的经济利益，这样也会降低大股东和职业经理人之间的代理成本。很多国内学者的研究也证实了家族企业的代理成本是很低的。以安格（Ang）为代表的众多研究者，从产权结构和

---

[1] Jensen M.C. Meckling W.H. Theory of the firm: Managerial behavior, agency costs and ownership structure [J]. *Social Science Electronic Publishing*, 1976, 3(76): 305–360.

代理成本的关系角度出发,揭示了家族企业的代理成本偏低的规律。[1]克里斯曼(Chrisman)提取了1140家企业的相关数据,经过分析发现企业所有者经营的企业,其代理成本基本上是没有的。[2]安德森(Anderson)和里布(Reeb),他们两人都认为家族人员对公司的经营情况了如指掌,能够高效地监督职业经理人,把代理成本降到最低。[3]

家族企业之所以能降低股东与管理者之间的利益冲突源自于其独有的一些特点。首先,大的家族成员股东由于股权比较集中,因此就成为了企业的大股东,家族财富的创造能够体现出股权的含金量。所以控股家族出于为家族创造财富的需要,加强了对职业经理人的监督,这就降低了分散的小股东"搭便车问题"。[4]其次,家族比较熟悉企业的经营状况,也会对信息进行掌握从而降低信息不对称的风险,进而能够及时发现企业管理人做出的有损公司声誉和利益的行为,达到监督的既定目标。再次,家族的投资眼光比较成熟,能够凭借自己的投资经验发现职业经理人为了眼前利益而做出的短期投资决策。最后,控股家族可以让家族成员中有能力的人来担任企业的高管,从而解决第一类代理问题。[5]家族职业经理人和控股家族在根本利益上是一致的,因此家族成员的经理人乐意为了企业的长远发展而去学习企业管理方面的知识和技能,对家族企业产生的归宿感是非家

---

[1] Ang J.S. Cole R.A. Lin J W. Agency costs and ownership structure [J]. *The Journal of Finance*, 2000, 55(1): 81–106.

[2] Chrisman J.J. Chua J.H. Litz R.A. Comparing the agency costs of family and non-family firms: Conceptual issues and exploratory evidence [J]. *Entrepreneurship Theory and Practice*, 2004, 28(4): 335–354.

[3] Anderson R.C. Reeb D.M. Founding-family ownership and firm performance: Evidence from the S&P 500 [J]. *The Journal of Finance*, 2003, 58(3): 1301–1327.

[4] Ali A. Chen T.Y. Radhakrishnan S. Corporate disclosures by family firms [J]. *Journal of Accounting and Economics*, 2007, 44(1-2): 238–286.

[5] Villalonga B. Amit R. How do family ownership, control and management affect firm value? [J]. *Journal of Financial Economics*, 2006, 80(2): 385–417.

族职业经理人所无法比拟的。① 可以说，家族对管理者的监督是有效的，正因为如此，通常情况下，家族上市公司的第一类代理问题相对较少。

理论上，相对于第一类委托代理问题（股东与经理人之间），家族企业可能存在更严重的第二类委托代理问题（家族股东与中小股东之间）。家族中的控股人由于股权比较集中，因此拥有对企业的绝对控制力，这就为控股人以小股东的利益为代价攫取利益提供了方便，这种投机行为一般会产生在内部治理不完善、对投资者不重视的企业中。② 通过研究证明，家族中的控股人可以通过关联交易和发行特殊股票以及控制小股东股权的方式来侵害小股东的权益。③ 除此之外，家族中的控股人可以主动干扰会计信息的质量，借助虚假信息披露等手段，对小股东进行权益上的侵害。④ 家族控股人为了集中企业的控制权，会和中小股东产生矛盾和冲突，例如金字塔结构、与股权分配比例不相协调的董事会人员安排、投票权的委托等，以上种种情况会致使企业控制权和现金流权的分离，家族的控制力越来越强，对企业的资源任意支配。⑤

在实证研究中，西欧和东南亚地区的学者研究证明了家族企业的第二类代理问题，即大小股东之间的代理冲突。以法西奥为代表的欧洲十三个国家学者的研究，证实了超过五成以上的上市公司被大的家族控股人控制，

---

① Gao N. Jain B.A. Founder CEO management and the long-run investment performance of IPO firms [J]. *Journal of Banking & Finance*, 2011, 35(7): 1669–1682.

② Young M.N. Peng M.W. Ahlstrom D. et al. Governing the corporation in emerging economies: A review of the principal–principal perspective [J]. *Academy of Management Annual Meeting Proceedings*, 2002(1): E1–E6.

③ Gilson R.J. Gordon J.N. Controlling controlling shareholders [J]. *University of Pennsylvania Law Review*, 2003, 152(2): 785–843.

④ Ding S. Zhuang Z. Qu B. Accounting properties of Chinese family firms [J]. *Journal of Accounting Auditing & Finance*, 2011, 26(4): 623–640.

⑤ Villalonga B. Amit R. How are U.S. family firms controlled？[J]. *Review of Financial Studies*, 2009, 22(8): 3047–3091.

而且超过三分之二的家族企业都是钦定家族成员担任企业的高管,家族的控制权是占据优势的,这样就能方便大的家族控股人有积极性去侵犯小股东的利益。[①]林斯(Lins)认为,投资人觉察出家族意欲侵犯中小股东的利益,于是要求给予更高的风险补偿,使家族企业的融资成本提高。[②]以弗朗西斯(Francis)为代表的研究者研究发现,正是源于控制权和现金流权的分离,加之家族大股东和中小股东之间的利益冲突,促使家族大股东有积极性去控制会计盈利以谋取私利,譬如我们常提到的关联交易。[③]陈(Chen)等研究者发现,家族企业不会主动向社会透露企业的经营信息。[④]

第二类委托代理问题的根本原因在于控制权和现金流权的分离,控股家族对企业的绝对控制权及控制权和现金流权的分离,导致家族控股股东存在牺牲中小股东权益而牟取私有利益的动机和能力。首先,家族企业的控制权和现金流权不仅分离,而且控制权是占上风的。如此家族就能够对企业拥有绝对的控制力,成为中小股东的实际代理人,这就为家族侵犯中小股东的利益提供了方便,家族控股人抛开道德的束缚来侵害中小股东利益的积极性得到了提高。其次,家族股东与其他中小股东相比,对企业的经营情况可以说是了如指掌,再加上拥有宝贵的公司控制权,促使家族主要控股人有能力为了一己私利而攫取企业创造的资产。这种家族超额的控制促使实际企业控制者变相地提高自己的利益而侵犯中小股东的权益,结果导致投资决策的导向错误。

[①] Faccio M. Lang L.H.P. The ultimate ownership of Western European corporations [J]. *Journal of Financial Economics*, 2002, 65(3): 365-395.

[②] Lins K.V. Equity ownership and firm value in emerging markets [J]. *Journal of Financial and Quantitative Analysis*, 2003, 38(1): 159-184.

[③] Francis J. Schipper K. Vincent L. Earnings and dividend informativeness when cash flow rights are separated from voting rights [J]. *Journal of Accounting & Economics*, 2005, 39(2): 329-360.

[④] Chen S. Chen X. Cheng Q. Do family firms provide more or less voluntary disclosure? [J]. *Journal of Accounting Research*, 2008, 46(3): 499-536.

4.3 家族CEO与非家族CEO

在有关家族企业CEO的研究中，研究人员最初能想到的问题就是家族企业的CEO到底是从哪些渠道选取的。大部分学者都认为其来源渠道主要分为两种：第一种是来源于家族内部，也就是在家族成员中考虑综合因素来选取较为优秀的，最普遍的考虑因素就是血缘的亲疏，这就是家族内部的CEO；第二种就是在非血缘关系的人员中选择的职业经理，也就是家族外部的CEO。在我国的东南沿海地区，由于社会的快速发展导致人们对家族的传统观念逐渐发生了变化，家族企业的概念外延进一步扩大，由开始的直系亲属如子女，扩大为其他亲戚、挚友、老乡以及老同学等，家族企业主为了提高企业的经济效益，比较倾向于外引职业经理人。但是在我国的经济欠发达地区，很多家族企业的CEO的职位都是由企业开创者的直系子女来担任，家族成员的范围比较窄，就算企业迫切需要职业经理人，企业的开创者也是通过婚姻的手段来保证职业经理人成为所谓"内部人"。受到传统文化观念的影响，小的家族企业中一般都是采取子承父业的模式；而大型家族企业中选择CEO的范围则限定在企业所有者的主要亲戚中，同时这些主要的亲属基本上在企业里担任要职；满足了这些要求之后，才考虑外引职业经理人。

以伯卡特（Burkart）为代表的研究者设计了一个非动态的模型，对不同法律制度下的家族企业CEO的任免过程和结果进行分析。从他们研究问题的思维习惯出发，法律对职业经理人的保护以及家族成员对职业经理人的监督是贯通的。[1]在法律制度比较健全的情况下，家族成员认为健全的法律制度可以营造良好的企业经营环境，在这样的环境下经营，家族成员通过企业经营所获得利益才能够得到最大限度的保障，所以在家族成员利益没有受到严重损失的情况下，家族企业可以考虑其 CEO 从非家族成员中选取；如果法律制度的影响力不再强烈和具有威慑力，引进外部 CEO 后，家族成员不能很好地利用法律制度来保障自己的权益不受侵害，那么家族成员会用自己的办法对外部 CEO 进行监督和控制；如果情况更为严重，也就是说法律已经不再具有任何约束力，家族成员会觉得法律已经没有存在的意义，于是就会在家族成员中选拔出业务能力出众的人担任企业的 CEO，而不会考虑从社会中引进职业经理人。家族企业的委托人和代理人之间的默契度，或者说相互信任程度决定了 CEO 的选拔策略。以血缘关系为纽带的信任会促使家族企业的开创者非常信赖家族成员的每个人，对家族成员之外的人存在戒备心理。[2]因为信息不对称等外部约束因素的不完善，导致家族企业所有者或多或少地警惕职业经理人，职业经理人一旦觉察出企业主的戒备心理，就会展示出低合作的态度。[3]天然的血缘关系使家族成员相互之间没有任何的戒备心理，因此企业主对家族 CEO 是百分百地放心，相应的高合作的态度就形成了（如图 4-1 所示）。

---

[1] Burkart M. Shleifer A. Family firms [J]. The Journal of Finance, 2003, 58(5): 2167-2202.
[2] 储小平, 罗头军. 信任与中美家族企业演变的比较及其启示[J]. 学术研究, 2001 (5): 9-11.
[3] 李新春, 胡骥. 企业成长的控制权约束——对企业家控制的企业的研究[J]. 南开管理评论, 2000, 3(3): 18-23.

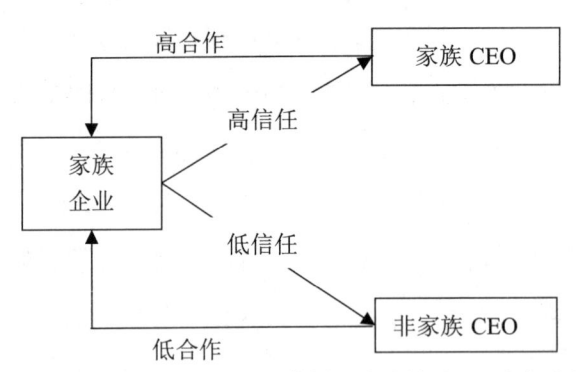

图4-1 家族企业业主与经理人的信任程度及其对经理人行为的影响

资料来源：李新春，胡骥. 企业成长的控制权约束——对企业家控制的企业的研究[J]. 南开管理评论，2000 (3): 18-23.

关于家族CEO的渊源，有的研究者进行了深层次的研究，认为除了家族创业者的直系子女，其配偶也被看作是家族CEO的选拔来源。家族企业在传承的过程中，尽管几乎所有的企业所有者都会把自己的子女看作家族企业的接班人，但是如果家族企业的创始人是男性，其妻子也可能会成为日后家族企业的继任者。罗（Rowe）和宏（Hong）认为配偶继任和子女继任一样，在担任企业CEO的过程中，也可能会不计报酬地投入到家族企业的经营管理过程中，维护家族成员的共同利益。[1]奥肯（Auken）和沃玻尔（Werbel）研究发现，配偶对企业的归属感很强，并在家族企业的经营管理中起到非常重要的作用，因此配偶作为企业CEO的角色对家族企业的影响应该具有两面性。[2]我国学者的研究，证明了家族企业主的配偶和子女的忠心程度属于一个级别，配偶是家族企业创始者的生活伴侣，也是家族企业的重要支持者，她的帮助与支持对企业主情绪的调节非常重要。[3]研究者何

---

[1] Rowe B.R. Hong G.S. The role of wives in family businesses: The paid and unpaid work of women [J]. *Family Business Review*, 2000, 13(1): 1-13.

[2] Auken H.V. Werbel J. Family dynamic and family business financial performance: Spousal commitment [J]. *Family Business Review*, 2006, 19(6): 49-63.

[3] 刘林，刘丽. 企业家社会资本的测量评述[J]. 重庆工商大学学报(社会科学版)，2013, 30(6): 27-44.

心展调查了52名家族企业的继承者,认为关于家族企业CEO的内部选拔问题,一般所谓子承父业的方式比较普遍,但也有两种特殊的情况,一种是企业主的配偶继承,另一种是由企业主的女婿继承家业。[1]在家族企业创建之初,接近70%的创业者既是企业主,又是企业的董事长,而其他的都是由子女和配偶来担任。[2]

如果是选拔家族成员之外的人来担任企业的CEO,那么这种职业经理人来自于两个方向,一个是家族企业聘用的职业经理人,另一个是在企业内选拔的职业经理人,前者是纯粹的非家族成员,而后者在企业中已经摸爬滚打了很长时间。[3]在选拔并聘用非家族成员担任企业CEO的过程中,社会网络成为了选拔职业经理人的最好平台。随着市场经济的发展,人员流动越来越频繁,引导职业流动的因素主要有三个,即定向分配、市场调节和社会网络。随着网络的发展,这几年社会网络在调节职业流动方面所起的作用越来越大。[4]社会网络能够有效地解决信息不对称的弊端,有助于企业和职业经理人之间相互了解,同时也为企业进行人才储备提供方便。[5]社会网络其实体现的是人情,人情关系越重,选聘上的照顾就越明显,可以在进入企业开始阶段就有着很大的职业发展优势。以人情关系的强弱来划分,我们可以把社会网络关系划分为熟人、朋友和亲戚三种,职业经理人一般是通过熟人介绍进企业,政治地位和待遇的起点都很高。[6]

---

[1] 何心展. 家族企业经营管理层的换代与继任 [J]. 外国经济与管理, 2003, 25(5): 9–12.
[2] 何小杨. 我国家族企业中的"人际关系网"——现状及制度诱因 [J]. 证券市场导报, 2011(11): 54–66.
[3] 许林, 陈丽娟. 家族企业传承与发展: 基于中外经典模式的思考[J]. 商业研究, 2009(11): 102–104.
[4] 边燕杰, 张文宏. 经济体制、社会网络与职业流动 [J]. 中国社会科学, 2001(2): 77–89.
[5] Fernandez R.M. Weinberg N. Sifting and sorting: Personal contacts and hiring in a retail bank [J]. *American Sociological Review*, 1997, 62(6): 883–902.
[6] Granovetter M.S. The strength of weak ties [J]. *American Journal of Sociology*, 1973, 78(6): 347–367.

4.4 家族企业中不同CEO类型的委托代理问题

由家族管理的企业在所有者和CEO之间的代理问题方面不同于其他企业，当CEO来自家族成员内部，传统的第一类委托代理理论不再适用。作为家族成员中的一分子，家族企业的CEO为了自己和家族的长远利益，是能够为企业尽职尽责的，因为内部CEO个人和整个家族以及企业是一个不可分割的整体，一荣俱荣，一损俱损，因此家族企业的CEO会积极汲取管理企业的经验，也会增加管理知识的积累。期冀通过自己的专业知识和积累的经营管理经验，为企业创造更多的财富，使家族企业蒸蒸日上。还有一种是家族成员之外的CEO，也就是外引的职业经理人，这就面临着企业委托人和代理人之间的利益协调问题。由于家族企业的所有人和职业经理人之间不存在血缘关系作为纽带，两者之间只是纯粹的商业伙伴，因此道德风险是很大的。家族企业的所有人和非家族成员的CEO之间通过签订协议来达成企业治理方面的共识。一方面，企业的所有人要明确权责的分配，在两者之间适度分权；另一方面，企业所有者要通过合理的激励机制来调动非家族成员CEO的管理积极性，把委托代理成本控制在最低范围内。

广义代理成本的构成，包括三个部分，即委托人的监督成本、代理人担保的成本以及其他成本。[①] 委托人的监督成本指的是企业主监督控制代理人，或者是通过激励机制激励代理人，旨在促使代理人为企业倾尽全力所

[①] Jensen M.C. Meckling W.H. Theory of the firm: Managerial behavior, agency costs and ownership structure [J]. *Social Science Electronic Publishing*, 1976, 3(76): 305-360.

花费的成本；代理人的担保成本指的是代理人担保自己的行为不会侵害委托人利益的成本，以及如果侵害了委托人的权利，将付出代价的成本；其他成本指的是委托人由于代理人行使决策的执行力较差而产生的代价和损失。很明显，委托人的监督成本和代理人的担保成本是企业内部治理过程中有形的成本，而其他成本是在达成协议的前提下，执行力不强而带来的机会成本。①

在家族企业中，如果是家族成员以外的人担任企业的CEO，从监督成本的角度出发，这类CEO的存在会促使企业的所有权和经营权逐步分离。家族企业的企业主一般会从家族利益的全局出发来制定企业的发展战略，而且这种战略的立足点都是为企业创造更多的财富，而职业经理人管理企业的最终目的是为了自己的职业前景，两者之间最终目的的矛盾会导致委托代理问题的激化。②所以从相互信任的层面上来分析，家族企业的所有者对非家族的CEO并不是完全放心的，因此对职业经理人的监督只会加强而不可能减弱。除此之外，外引的职业经理人对权力的争夺也是家族企业的所有者必须提防的问题。随着企业的发展蒸蒸日上，家族企业的管理层和实际经营者之间的差距主要体现在能力上，这就加大了企业被职业经理人把控的风险。家族企业的开创者生怕职业经理人会夺走他对企业的控制权，存在着两难的选择，一方面希望职业经理人能够帮助企业壮大发展下去，另一方面又要稳固自己在家族企业中确立的威信。当企业具有一定的市场竞争力以后，实际上这时对于企业的掌控者来说也是最危险的时候，当家族企业掌控者意识到职业经理人会对他的地位形成威胁时，代理人和委托人之间的矛盾已经逐渐不可调和了。这就会导致代理成本无限增加。从担

---

① 张瑗. 家族企业经理人性质与企业投资效率[D]. 苏州大学, 2015: 20–23.
② 李新春, 檀宏斌. 内部两权分离优与忧——以百年家族企业冯氏集团为线索[J]. 北大商业评论, 2013(3): 46–55.

保成本的角度出发，与家族成员 CEO 的担保成本相比，非家族 CEO 对企业的担保成本是很少的。外引的职业经理人的担保成本应该是离职所带来的损失。虽然使自己的名声受损，但是这种损失是可以忽略不计的，因为非家族 CEO 工作的变化是受到很多主客观因素的影响的，这里的因素包括个人能力、性格以及家族成员对其的态度等。所以这种担保成本是很小的。就其他成本而言，非家族 CEO 为企业带来很大的经济效益。这些经济效益是不能够独享的，必须实现职业经理人和其他家族成员共享，职业经理人认为自己的付出与分享的成果不成比例，因此会严重影响其管理的积极性。为了体现自己对企业的忠诚，职业经理人会义无反顾地化解威胁企业生存与发展的危机，但当企业转危为安时，职业经理人却没有得到他们理想中的报酬。非家族 CEO 承担的风险和获得的利益不成比例，但是消费额外的收益反而会获得意想不到的报酬，而且承担的风险很小。所以非家族 CEO 会转移目标，寻求额外消费所带来的巨大收益，这会导致积极性不高，提高了剩余损失或成本。总的来说，无论从何种角度出发，监督非家族 CEO 管理行为所带来的成本是很高的。

家族企业的 CEO 如果由家族成员来担任，从监督成本的角度出发，这类 CEO 是分享企业的所有权的，并且以血缘关系作为纽带，一般会受到重用，这种监督成本就会比较低，甚至不存在监督成本。从担保成本的角度出发，家族 CEO 是家族成员的一分子，企业的经济效益情况关系到自己的利益变化，家族企业的发展就是他们在为自己创造财富和利益，所以家族职业经理人的担保成本不仅关系到其管理能力，还关系到家族的利益和未来前景。其担保成本较高。就剩余损失而言，家族 CEO 为了企业的产业发展和创造更多的财富，对公司的未来前景抱有很大的希望，并以企业为家，把企业的经济效益看作自己的财富，而且敢于开拓进取，对企业有着很强烈的归属感。因此，作为家族成员的企业管理者，对家族的控制者和家族企业价值的统一性有利，这说明家族企业管理者能够很好地把控家族成员对企业经营情况的影响。家族 CEO 一般从家族企业的整体利益来规划企业的未来发展战略，从长远利益出发，所以能够在控制剩余损失的前提下争取企业最大的利益。总的来说，如果是家族成员担任 CEO 职位的家族企业，监督成本和代理成本是较低的，相反担保成本是比较高的。

通过对第一类委托代理成本的分析，非家族 CEO 所在企业要比家族 CEO 企业的代理成本高，然后综合比较第一类和第二类委托代理问题，可以发现：非家族 CEO 所在的家族企业面临着适度的第一类和第二类代理问题；而家族 CEO 企业虽然第一类代理问题很小，但面临着更为严重的第二类代理问题。[①]

如果家族企业的 CEO 是家族成员之外的经理人，那么企业的所有权和经营权就会出现分离的情况，很可能会存在第一类代理人的问题。但是非家族成员的职业经理人会受到家族企业的控股人的监督，如果这种监督是合理和有效的，那么非家族成员的 CEO 因经营不善而导致被炒鱿鱼的概率会大大提高。首先，家族企业的控股人经营经验比较丰富，熟悉家族企业的历史发展，因此与其他股东相比，家族企业的控股人能够正确地预判非家族经理人业务能力的强弱；其次，由于家族企业的股权过于集中，基于维系家族企业的名声和投资战略，家族企业的控股人与非家族企业股东相比，有着监督职业经理人的原动力，从而提高企业的经济效益。因此，非家族的 CEO 在家族企业中，比在非家族企业中代理成本要低，这是由于家族股东的监督而导致的。

在家族企业中，企业的所有权和管理权都来自于家庭成员中，家族 CEO 和企业的所有者在根本利益上是趋同的，因此企业类的第一类代理问

[①] 陈德球,杨佳欣,董志勇.家族管理、职业化经营与公司绩效——来自 CEO 变更的经验证据[J].南开管理评论,2013,16(4): 55-67.

题会比较简单化，但是家族企业的大股东和小股东之间存在的第二类代理问题就会多了起来。基于维护家族成员利益的目的，就算家族经理人的经营成果不乐观，家族企业的控股人也不会轻易罢免他们的职位，他们会利用在董事会上的话语权力挺家族 CEO。这种局面就有利于家族对企业的全面控制，家族企业的主要控股人就会牺牲小股东的利益来为家族谋取暴利。这样一来，各股东之间的第二类代理问题就被无限地放大了。

第5章

家族企业中的社会情感价值

5.1 社会情感价值理论

所谓社会情感价值指的是家庭在除经济目标以外的其他目标追求过程中于情感层面上的收获,其涉及多个层面,比如权力行使、家庭社会资本提升、个性化情感需求的满足等。[1] 以科迈斯-麦吉阿(Gomez-Mejia)为代表的多名学者共同提出了"社会情感价值理论"概念,他们针对西班牙的橄榄油作坊进行研究,了解到此类橄榄油作坊即使面临巨大的经营危机,依然愿意为了企业控制权而努力,也不愿意参与到合作社之中,其原因在于与相对最大化利润来比较,他们更希望个体的社会情感财富能够得到很好的维护。这一理论主张,作为企业管理人、决策主体及所有者的家族成员,在企业围绕家族主体的非经济目标追求过程中能够在情感层面上取得收获。

社会情感价值理论备受学界的重视,进而推动了行为代理理论范畴的逐步扩张。行为代理理论主张决策者风险偏好是伴随客观情况的转变而随之变化的,同传统意义上的代理理论关于厌恶风险的主张是有差别的。[2] 其实正是因为厌恶风险,决策者才会在现有风险水平的基础上选择最优期望的决策,实现最大限度的损失减少。因此,行为代理理论认为,决策者在

---

[1] Gómez-Mejía L.R. Moyano-Fuentes J. Socioemotional wealth and business risks in family-controlled firms: Evidence from Spanish olive oil mills [J]. *Administrative Science Quarterly*, 2007, 52(1): 106–137.

[2] Gomez-Mejia L.R. Wiseman R.M. Reframing executive compensation: An assessment and outlook [J]. *Journal of Management*, 1997, 23(3): 291–374.

良好的决策条件下持保护现有财富的保守态度。然而在决策环境相对恶劣的情况下，决策主体为尽量将经济损失维持在可控范围之内而愿意采取风险较高的决策，甚至放手一搏。换句话说，不同的财富损失参考点，会直接关系到企业对外部因素的评估，进而对企业客观行为造成干扰。社会情感价值理论成功地将以上关系运用到家族企业的管理中，作为行为代理理论的重要延伸，为研究家族企业提供了一个崭新的研究方法和体系。家族企业在平时的决策和管理过程中将社会情感价值作为首要参照点，并将家族成员在企业内部的情感价值损益作为重要的参照，影响企业制定决策。某种程度上，为了保证社会情感财富免受威胁，控制家族愿意承担一定的风险。[1]研究过程中广泛使用社会情感价值理论来回答家族企业领域出现的各种问题，例如企业战略决策、工资水平的改善、家族企业的管理界限、高层团队的组建及面临风险时的家族态度和对企业的价值判断等。在这些研究中，社会情感财富作为一个新的视角，帮助解读家族企业行为上的特殊性。此外，有学者进一步提出社会情感财富的积累同其创造的经济利益间存在着十分紧密的联系，建议研究人员不要将研究焦点片面地集中在社会情感财富在关联利益主体或企业行为过程中的作用上，还应关注企业经济效益反作用于社会财富情感的价值。[2]

社会情感价值涉及的内容颇多，以科迈斯-麦吉阿为代表的多名研究者首次细致地划分了社会情感价值，共包含三个方面（如图5-1所示）：情感导向、文化价值观、利他主义。所谓情感导向指的是通过家族企业优质品牌的建构及社会信誉的提高而为个性化情感需要的满足提供保障；文化价值观则是家族企业的实际控制人通过将自己的个人价值观，渗入企业的

---

[1] Gomez-Mejia L.R. Cruz C. Berrone P. et al. The bind that ties: Socioemotional wealth preservation in family firms [J]. *The Academy of Management Annals*, 2011, 5(1): 653-707.

[2] Chua J.H. Chrisman J.J. De Massis A. A closer look at socioemotional wealth: its flows, stocks, and prospects for moving forward [J]. *Entrepreneurship Theory and Practice*, 2015, 39(2): 173-182.

价值体系中,并通过企业广泛传播家族价值观。利他主义则是指家族企业的控制人在制定战略决策时并非一味追求经济最大化。在利他主义影响下,家族管理人在采取某项措施时,首先考虑的是家族成员能否从中获得收益,而并非自己是否获利,主要目的是为了提升家族成员的情感认同和社会价值。家族企业在面临家族成员社会情感价值受损时,往往表现出一定的冒险行为,选择承受一定范围的经济损失来达到保护家族成员情感价值的目的。

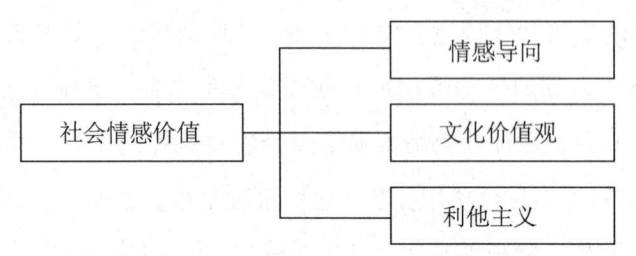

图 5-1 社会情感价值的三大维度划分

资料来源:Gómez-Mejía L R, Moyano-Fuentes J. Socioemotional wealth and business risks in family-controlled firms: Evidence from Spanish olive oil mills [J]. *Administrative Science Quarterly*, 2007, 52(1): 106–137.

而贝罗内(Berrone)等学者则认为上述情感价值划分方式过于笼统,关于其内涵的解读存在一定的片面性。所以基于原有研究成果进一步调整优化了社会情感价值的划分维度(如图 5-2 所示):家族成员紧密的社会关系、家族控制和影响、成员间紧密的情感联系、家族成员对企业的认同以及家族代际传承[①]。家族成员紧密的社会关系指的是家族企业把家族成员间的关系进行了外部的延伸,使这种关系的范围更加扩大化,不仅仅局限于亲缘关系,也包括非家族成员和企业外部的利益相关者,他们在一起建构了十分紧密的社会关系结构。家庭控制和影响是建立在企业所有权、家族成员主观理念及企业市场地位基础上的,家族企业委托董事会主席、首

---

① Berrone P. Cruz C. Gomez-Mejia L.R. Socioemotional wealth in family firms [J]. *Family Business Review*, 2012, 25(3): 258–279.

席执行官或其它企业管理者，共同掌管企业的经营决策权，对管理层宣扬自己的价值观从而潜移默化地影响企业的其他人员；成员间紧密的情感联系则是指家族成员将个体情感价值观给予企业，并呈现出对企业的依赖性，随着家族企业的发展壮大，这种情感上的依赖会越发强烈。家族成员对企业的认同，即认为企业的发展与家族的兴旺密切相关，也认为企业就是家族的一个构成部分，企业同家族之间存在着千丝万缕的联系。所以，家族对于企业中家庭成员所处的职务及地位相当关注，为家庭成员创造更适宜参与企业经营管理的环境，树立自己在企业中的权威。家族代际传承体现了企业在家族成员层面的延续，把经营企业作为长期投资，希望通过这种代际传承保持家族对企业的掌控。

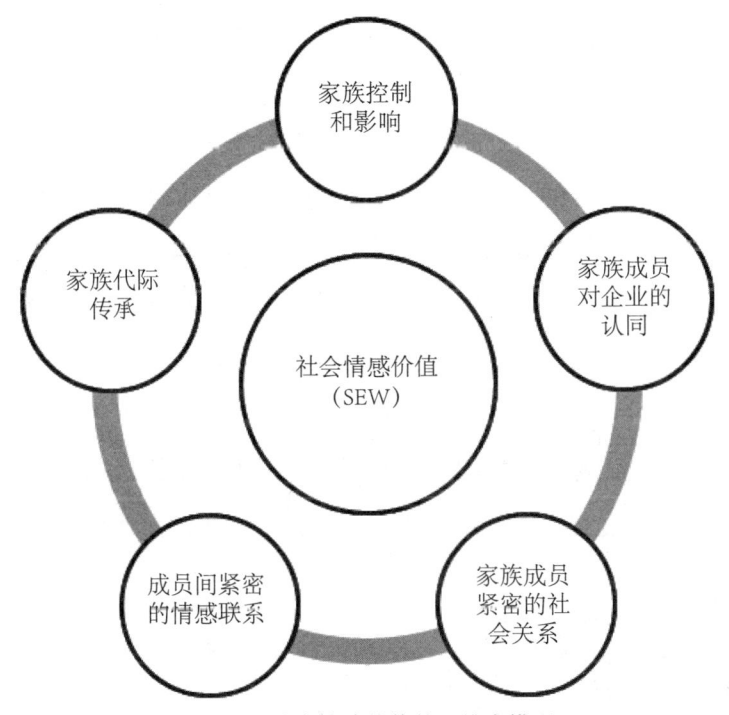

图 5-2 社会情感价值的五维度模型

资料来源：Berrone P.Cruz C.Gomez-Mejia L.R. Socioemotional wealth in family firms [J]. *Family Business Review*, 2012, 25(3): 258-279.

加拿大学者米勒夫妻提出了对社会情感财富的全新解析，把这个概念分成受限制的和不受限的社会情感财富两种。受限制的社会情感财富直接关系到家庭成员的根本权益，而后者的侧重点则是不包括家庭成员在内的其他利益主体的切身利益，包括除家族成员以外的企业股东、企业内外部的利益相关者。[①]

社会情感价值理论来源于行为代理理论，有着坚实的理论基础。社会情感价值理论对于家族成员多样化的风险偏好持肯定态度，可以用来说明代理理论无法解释的问题，有效地与代理理论形成互补，可用于诠释家族企业的特殊行为。[②]但是，对于社会情感价值的有效性，学术界尚存在分歧。有些学者认为，社会情感财富会达到积极的外部效果，而另一些学者提出了社会情感财富消极的一面，认为家族企业在考虑社会情感财富时的行为过于自私化。

以贝罗内为代表的学者从社会情感财富的角度出发，关注家族企业对于环境污染的反应，通过实证分析法揭示了家族企业更注重企业外部影响力的规律，他们为了企业的声誉会自觉履行保护环境的社会责任，从而在社会上树立正能量形象。[③]森纳姆（Cennamo）等研究者参考了利益相关者理论，更为深刻地分析了社会情感价值框架，提出当家族企业以社会情感财富作为参照时，会关心其他利益相关者的利益，进行更多前涉性的利益相关者活动。他们对社会情感财富的所有维度进行了探讨，提出由于在社会情感财富保护过程中侧重的维度不同，导致企业对内外部各相关利益主

[①] Miller D. Breton-Miller I.L. Deconstruction of socioemotional wealth [J]. *Entrepreneurship Theory and Practice*, 2014, 38(4): 713–720.

[②] 李艳双，焦康乐，王文婷. 社会情感财富保护与家族企业的财务杠杆选择 [J]. 会计之友，2016(20): 6–9.

[③] Berrone P. Cruz C. Gomez-Mejia L.R. Socioemotional wealth and corporate responses to institutional pressures: Do family-controlled firms pollute less？ [J]. *Administrative Science Quarterly*, 2010, 55(1): 82–113.

体的重视性存在差异。① 针对社会情感财富的五大维度，控股家族在代际传承和家族管理的作用下更多关注企业内部相关利益主体的利益，而侧重其他三个维度则会使得企业内外部所有关联利益主体的权益均得到很好的维护。以克鲁兹（Cruz）为首的多名研究人员借助实证研究了解到，为保证家族在企业经营管理过程中的地位及作用，以保障家族社会情感财富，家族企业作为关联利益主体在社会责任承担上更为弱化。②

上述研究的重点集中于家族企业在社会情感财富追求过程中对外部环境创造出的积极影响力，然而凯勒曼（Kellermanns）等学者却主张社会情感财富有着消极的一面。家族由于过分维护社会情感财富，可能导致部分家庭成员的负累，让他们做出对企业发展不利的事情，损害其他相关利益相关者的权益。③ 这种观点引发很多研究者重新考量社会情感的重要性。莱特斯托夫（Leitterstorf）和劳（Rau）研究发现，当家族企业成为上市第一次向社会筹股时，为了避免由于股权的分散而导致企业的控制权受损，或者是发行股票失败而给企业造成难以弥补的损失，一般会侵害非家族成员的股东利益，选择较高程度的 IPO 折价。④ 学者道（Dou）研究家族成员的慈善事业发展，认为家族参与性与社会情感财富保护能力存在着关联，直接影响其内驱力的大小，进而对企业公益行为产生影响。他通过实证研究了解到

---

① Cennamo C. Berrone P. Cruz C. et al. Socioemotional wealth and proactive stakeholder engagement: Why family-controlled firms care more about their stakeholders [J]. *Entrepreneurship Theory and Practice*, 2012, 36(6): 1153–1173.

② Cruz C. Larraza-Kintana M. Garces-Galdeano L. et al. Are family firms really more socially responsible？ [J]. *Entrepreneurship Theory and Practice*, 2014, 38(6): 1295–1316.

③ Kellermanns F.W. Eddleston K.A. Zellweger T.M. Extending the socioemotional wealth perspective: A look at the dark side [J]. *Entrepreneurship Theory and Practice*, 2012, 36(6): 1175–1182.

④ Leitterstorf M.P. Rau S.B. Socioemotional wealth and IPO underpricing of family firms [J]. *Strategic Management Journal*, 2014, 35(5): 751–760.

家族企业的导向性同公益善举紧密相关，导向越长远，公益意愿越强。[①] 然而在二代不同意接班的情况下，家族对社会情感财富的维护会导致家族成员的压力过大，做出过于自私化的决策行为。

5.2 社会情感价值对家族企业代理合约的影响

　　社会情感价值的维系能够促进家族企业的发展，使得家族企业呈现良性发展趋势。而代理合约的出现则使得社会情感价值更具有实用性，代理合约受家族关系的影响主要表现在两个方面：第一，家族高管由于对企业构成具有非常大的作用，所以在任期内通常比非家族高管时间要长，即使企业陷入经营困难，家族高管任期也要比非家族高管长七年，这个数据来自高盛全球企业发展研究。研究数据显示，家族高管任期约是非家族高管的三倍，同时家族高管对企业的控制欲望要比非家族高管对企业的控制欲望高出一倍；[②] 第二，非家族代理人和企业由于是合作关系，所以对绩效的敏感度特别高，而家族代理人与企业由于是亲属关系，对绩效敏感度则普遍较低，究其原因是非家族代理人在企业担任职位更多是一种雇佣的关系，而家族代理人则是以股东、企业构建者的身份工作，所以在绩效压力方面两者的感受不同。美国学者分别研究了 50 个家族高管和 35 个非家族高管，发现他们之间存在较大的薪酬差异，家族 CEO 的薪酬远远低于非家族

　　[①] Dou J. Zhang Z. Su E. Does family involvement make firms donate more？ Empirical evidence from Chinese private firms [J]. *Family Business Review*, 2014, 27(3): 259-274.
　　[②] Gomez-Mejia L.R. Gutierrez I. The role of family ties in agency contracts [J]. *Academy of Management Journal*, 2001, 44(1): 81-95.

CEO，特别是在激励性报酬方面。[1] 显然能够看出家族高管由于身份的原因，在薪酬所得方面无法与非家族高管相比。[2] 但家族高管在实际收入方面并不低于非家族高管。由此可见，家族高管的薪酬来源并不只是固定工资部分，其他薪酬来源同样被计入薪酬收入，但这部分收入并不与企业绩效挂钩。[3]

多数学者认为上述现象充分展示了家族谋取私利的手段，家族为了最大限度体现对企业的控制权，不断安排成员担任企业重要职务，但被安排的成员并不具备所从事工作的能力，从而使得企业运营呈现亏损的状态，致使小股东利益受损。[4] 而少数学者认为之所以有上述现象的出现，主要在于家族企业对产权结构的定位不准确。企业评估公司对上述企业治理现象无法做出科学的解释，高管代理理论能够解释家族管理者低效率的原因，却无法详细阐释家族高管低薪酬的现状；而家族运营理论能够解释家族企业高管与代理人薪酬高低的原因，却无法解释家族高管任期长、薪酬标准与企业绩效无关的现实。但在社会情感价值研究方面能够解释家族企业运营的本质，对上述现象也能全面说通。根据社会情感理论，著名学者科迈斯 麦吉阿认为，家族高管属于家族成员，担任企业管理者属于正当现象，薪酬的发放之所以降到最低，是避免给企业运营带来损坏。而当企业面临业绩不佳的时候，家族董事会则不会怪罪管理者，将矛头归结为环境、运气这些外部因素。[5] 摩根大通全球企业发展调查显示，如果家族企业运营状

---

[1] Mcconaughy D.L. Family CEOs vs. nonfamily CEOs in the family-controlled firm: An examination of the level and sensitivity of pay to performance [J]. *Family Business Review*, 2000, 13(2): 121–131.

[2] Gomea-Mejia L.R. Makri M. The Determinants of executive compensation in family-controlled public corporations [J]. *Academy of Management Journal*, 2003, 46(2): 226–237.

[3] Cruz C.C. Becerra M. Perceptions of benevolence and the design of agency contracts: CEO-TMT relationships in family firms [J]. *Academy of Management Journal*, 2010, 53(1): 69–89.

[4] Morck R. Yeung B. Agency problems in large family business groups [J]. *Entrepreneurship Theory and Practice*, 2003, 27(4): 367–382.

[5] Gomez-Mejia L.R. Cruz C. Berrone P. et al. The bind that ties: Socioemotional wealth preservation in family firms [J]. *The Academy of Management Annals*, 2011, 5(1): 653–707.

态下降，家族 CEO 报酬则呈现不断上涨趋势，以保障因家族企业经营失败带给 CEO 的损失。[①] 库姆斯（Combs）等人发现家族 CEO 的薪酬和职务安全感有着直接的关系，与代理 CEO 相比，当家族掌握整个企业运营时，家族企业 CEO 通常对报酬多少不会太介意，并且有牺牲报酬的意愿，当整个家族对企业的掌握程度降低时他们对自己的报酬尤为重视，并伴随有加薪的举措。[②]

5.3 社会情感价值对家族企业代际传承的影响

社会情感价值理论非常形象地解释了家族企业代际传承的问题。首先，在社会情感价值的基础上来研究家族企业内部传承问题更有助于对此领域的研究进度。目前的研究资料显示，即使劳动力市场有更优于家族内部人员的高管候选人，多数家族企业仍偏向于选择家族内部人员做 CEO。这种选择往往会损害企业利益，更无法被资本市场接受。防范资产外流成为家族企业选择内部人员继承的主要原因，由于家族人员更具有血缘关系，在企业运营方面更具有掌控力，而选择外部人员不仅无法控制企业发展方向，还使得整个家族的利益受损[③]，这种已有的观点能够解释为什么多数家族企业最后走向经营不善的结局，但对于那些经营规范的企业却无法解释。企

[①] Gomez-Mejia L.R. Makri M. The determinants of executive compensation in family-controlled public corporations [J]. *Academy of Management Journal*, 2003, 46(2): 226–237.

[②] Combs J.G. Penney C.R. Crook T.R. et al. The impact of family representation on CEO compensation [J]. *Entrepreneurship Theory and Practice*, 2010, 34(6): 1125–1144.

[③] Lee K.S. Wei S.L. Family business succession: Appropriation risk and choice of successor [J]. *Academy of Management Review*, 2003, 28(4): 657–666.

业控制权在家族内部传承,不仅使家族牢牢掌握企业的控制权,还能增加整个家族对社会情感财富的获得概率。换言之,家族之所以能够轻易获得企业经济利益,主要原因在于家族人员对企业控制权的把握。有研究报告显示,家族内部人员对企业的控制力远高于外部人员。[1]而家族企业经济的收益更多是情感的维护,非家族人员很难有家族人员对整个企业的情感,这也是家族企业寻找企业凝聚力的另一种手法。[2]

其次,在社会情感价值研究上能够看出为什么家族企业格外注重现任CEO和继承者的关系。家族企业尤其重视继承者和整个家族的关系,以及继承者是否按照家族经营体系办事。其主要原因是:独立自主的培训方式保证了家族价值观的传承,使得继承者对家族企业文化有较高的认同感,增加其对家族组织的感情,从而保证整个家族在企业中的利益和社会情感价值。[3]

最后,在社会情感价值研究方面能够看出为什么企业不愿向市场化经营过渡。其主要原因在于家族成员无法放弃经济利益最大化的事实,虽然有部分研究认为由于家族董事会不信任市场制度,但真正的原因并不在于市场制度的不健全,而是企业一旦市场化运营,家族对整个企业管理层、发展方向都将失去控制能力。通过聘请职业经理人管理企业,并按照家族命令进行运营,这显然不是家族对企业管理的最理想方法,因为这会影响家族在企业中的位置和影响力。同时,家族企业不愿意发展市场化的另一个原因是:家族董事会对聘请的职业经理人了解不够深入,使得家族成员

---

[1] Zellweger T.M. Kellermanns F.W. Chrisman J.J. et al. Family control and family firm valuation by family CEOs: The importance of intentions for transgenerational control [J]. *Organization Science*, 2012, 23(3): 851–868.

[2] Cruz C. Justo R. Castro J.O.D. Does family employment enhance MSEs performance?: Integrating socioemotional wealth and family embeddedness perspectives [J]. *Journal of Business Venturing*, 2012, 27(1): 62–76.

[3] 朱沆,叶琴雪,李新春. 社会情感财富理论及其在家族企业研究中的突破[J]. 外国经济与管理, 2012, 34(12): 56–62.

无法将企业经营大权交给职业经理人。[1] 此外，聘请一些相关专业的专家时，由于家族对该领域专业知识了解不够深，双方信息的不对称使得家族和职业经理人产生矛盾。[2]

5.4 社会情感价值对家族企业战略行为的影响

传统观念认为，家族企业发展离不开产品创新和技术升级，尤其是新市场的开拓，以保障企业呈现不断上涨的趋势。而在实际操作中，家族企业对产品创新、技术升级、国际市场开拓并不积极。比如，有数据显示，相比非家族企业，家族企业在多元化战略方面并不积极，即使家族企业的经营呈现长期增长趋势或者控制整个行业，其在创新方面的投资仍远低于非家族企业。[3] 家族为了保障自己在企业中的控制力度，宁愿投资风险过高的领域，也不愿多元化投资以保障最终的收益。在国际战略投资方面，无论采用哪种指标的评价，如企业全球投资数量、子公司企业运营文化多样性、产品国际销售总额占总销售额的比例，都能看出家族企业的保守。而且从整个企业发展趋势来看，不管是企业运营流程、股权分配额度、行业占比比例、CEO任期的长短，都能看出家族企业与非家族企

---

[1] Cruz C.C. Becerra M. Perceptions of benevolence and the design of agency contracts:CEO-TMT relationships in family firms[J]. *Academy of Management Journal*, 2010, 53(1): 69–89.

[2] Gomez-Mejia L.R. Cruz C. Berrone P. et al. The bind that ties: Socioemotional Wealth Preservation in Family Firms [J]. *The Academy of Management Annals*, 2011, 5(1): 653–707.

[3] Anderson R.C. Reeb D.M. Founding-family ownership, corporate diversification, and firm leverage [J]. *The Journal of Law and Economics*, 2003, 46(2): 653–84.

业在多元化战略方面的分歧。① 除此之外，多数学者认为家族企业在产品研发和技术投入方面力度也相对较低。例如，美国家族上市企业在技术创新方面远低于非家族企业。② 如何使家族企业的产品研发和技术投入方面的比例增长，增加外部董事的录入比例无疑是最好的方式。③ 但仍有数据显示，在外部董事录入比例提高后，家族企业的研发和技术投入仍达不到理想水平。

家族企业由于资产属于整个家族，在风险投资方面会控制在最低标准，以保障家族资产整体的收益，而家族企业的风险承受力与社会情感价值损失的能力长期保持一致。家族 CEO 在风险控制方面，更在乎社会情感损失的价值，他们会承担社会情感价值带来的损失，自认为是自己经营不善带来的后果，但也有部分家族高管将经营损失归结于太乐观估计企业发展前景。当然，家族经营者为了自身经济利益，在企业运营时不会让企业涉足投资风险过高的项目。因此，在企业真正面临挑战时，家族经营者会抛弃社会情感价值将企业生存放在首位。著名学者克里斯特曼（Christman）和帕特（Patel）研究发现，当企业业绩低于市场水平时，家族经营者会将产品研发、创新放在首位，以促进企业增长的可持续性，使企业在发展时摆脱生存问题的束缚。④ 能够看到，家族经营者并不是长期压制风险投资，一旦投资项目有利可图，能够拯救企业生存现状时，家族高管并不排斥这种风险项目的投资。当家族经营者认为企业绩效低时，企业未来发展方向将

---

① Gomez-Mejia L.R. Makri M. Kintana M.L. Diversification decisions in family-controlled firms [J]. *Journal of Management Studies*, 2010, 47(2): 223-252.

② Muñoz-Bullón F. Sanchez-Bueno M.J. The impact of family involvement on the R&D intensity of publicly traded firms [J]. *Family Business Review*, 2011, 24(1): 62-70.

③ Chen H.L. Hsu W.T. Family ownership, board independence, and R&D investment [J]. *Family Business Review*, 2009, 22(4): 347-362.

④ Chrisman J.J. Patel P.C. Variations in R&D investments of family and nonfamily firms: Behavioral agency and myopic loss aversion perspectives [J]. *Academy of Management Journal*, 2012, 55(4): 976-997.

成为家族经营者首要考虑的问题，而对未来战略部署的风险控制，将是家族经营者的主要责任，他们也乐于承担企业经营风险。

在社会情感价值理论的基础上，家族企业善于在经营战略中做出避免或减少损害社会情感价值的行为。企业多元化、国际化、研发和技术投入都有可能需要外部资金和人员的涉入而削弱家族对企业的控制，从而损害家族的社会情感财富。首先，外来资产的注入使得家族在企业运营方面的控制力度大大降低。但企业如果想要进行多元化、国际化、产品研发和技术更新的战略，必然需要大量外部资金的协助，单纯只靠企业自身的资金显然无法满足多元化的发展。因此，企业必须上市融资，但股权融资会受到股东的监管，而债券融资又会受到债权人的监管，从而使家族陷入对企业控制削弱的现象。其次，非家族人才的聘请也会导致家族对企业控制力的削弱。其主要原因在于家族自身人才的知识、经验和人力资本，都无法满足企业进行多元化、产品研发、技术更新的需要；此外，企业想要变大变强，其原有的组织结构必然发生变化，对外部资源的利用也会逐渐增大，从而非家族管理人才和技术人才是必然的选择。外部人才的聘用使得家族在企业战略和决策方面的影响削弱，进而威胁到家族的利益。上述战略虽然能够给企业带来发展机遇，但也会导致家族传统和价值观遭受挑战。因此，从社会情感价值的角度而言，上述原因决定了家族企业在多元化、国际化、研发和技术投入方面表现得缺乏积极性。

除了多元化、国际化、研发技术投入等战略，社会情感价值对家族企业的财务杠杆也有着特殊的影响。社会情感价值虽然不能归属到企业财务方面，但它同样能够使家族在追求利益方面形成凝聚力。通常来说，企业财务主要分为融资战略和投资战略两个方面，在此基础上，我国学者李艳双等人从融资、投资以及股利分配三个方面对社会情感机制和家族企业财务杠杆的影响关系加以研究，构建了系统的关系模型。

家族企业特殊的生存之道决定了家族企业不能按照市场普遍认为的融资模式生存。从社会情感价值的角度来分析家族企业的融资战略，可以发现低负债率和 IPO 抑价的特点。以债权融资来说，国内众多学者研究发现，家族企业具有强烈的控制权和风险规避的意识，在市场融资方面更偏向于具有安全保障的债权融资，而债权融资更倾向于低负债的项目。[1] 家族企业的这些融资方式与社会情感价值高度融合。高比例负债虽然能够让家族企业向多元化、国际化、研发技术创新等领域发展，使得企业未来成长空间更大，但也会导致家族企业面临更大的风险危机，尤其是家族对企业控制权的危机会不断增加，所以在外部融资方面家族企业不太会依赖外部机构和外部资金的注入，因为他们不仅害怕企业面临破产的威胁，更害怕家族的控制权丧失。以股权融资来说，从选择开启 IPO 开始，家族股东就面临各种挑战，IPO 的启动必然带来非家族股东的进入，而非家族股东的增加会削弱家族股东在经济战略方面的影响力，从而导致家族股东失去在企业中的利益。尽管开启 IPO 流程会使家族股东面临众多调整，但家族企业仍愿意选择 IPO 措施来拓宽企业未来的发展方向，因为外部资本的注入不仅能够给企业带来更大的效益，也使得家族成员的财富增值更大。而且，以长远的眼光来看，IPO 和社会情感价值两者之间并不存在矛盾，反而能够相辅相成，共同成长。虽然 IPO 对社会情感价值并不会带来影响，但家族企业仍想将 IPO 带来的影响降到最低，从而多数家族企业在选择 IPO 时更愿意尝试 IPO 抑价率高的上市流程。[2] 究其原因，IPO 抑价对家族企业存在诸多利好消息，也更倾向于保护家族企业奉行的社会情感价值。第一，抑价发行的股票在数量方面多于普通股票，使得认购量不太会集中到某几个大股

---

[1] 陈凌, 叶长兵. 中小家族企业融资行为研究综述[J]. 浙江大学学报人文社会科学版, 2007, 37(4): 172–181.

[2] Leitterstorf M.P. Rau S.B. Socioemotional wealth and IPO underpricing of family firms [J]. *Strategic Management Journal*, 2014, 35(5): 751–760.

东手中，从而造成大股东对家族企业发展的影响。第二，抑价发行使得IPO成本大大降低。IPO发行需要面临巨大的资金支持和声誉支持，一旦IPO发行失败不仅路演投入的大量资金将无法收回，企业的声誉也将受到一定的损害。由于家族企业担当两种身份，IPO的失败不仅影响到企业自身，还使得家族成员的名声受到损坏[①]，从而使社会情感价值受到威胁。因此，多数家族企业宁愿选择相对较高的IPO抑价率，以保障企业社会情感价值的安全。从以上论述能够看出，家族企业在选择企业融资方面，更在乎外部融资的安全性和自身在企业的控制权，如果这两者受到损害，企业就会放弃融资发展。

从投资财务杠杆的角度来说，家族企业投资方向和其他企业存在不同是由家族企业的形象所决定的，深层次原因可以用社会情感价值理论来解释。从社会情感价值的角度来说，家族企业在研发投资方面明显低于非家族企业，且投资项目的运转周期也比非家族企业要低，从财务投资方面能够看出家族企业对风险投资的厌恶。[②]但对于低研发投入现象有着新的解释角度，研发创新的高失败率，可能会对家族社会情感价值带来负面的影响。相对企业的其他收益，研发创新带来的回报率明显要低于其他战略，即使企业在产品研发方面成功，还要面对研发投资回报周期长、研发产品易于被模仿等问题，这些都是家族企业不愿意进行研发创新的原因，家族企业不愿意拿企业和自身资产来预测未来发展，从而影响家族企业所重视的社会情感价值。此外，有数据显示，相比非家族企业的并购热潮，家族企业并不热衷并购交易，尤其是目前盛行的国际并购。因为家族企业有自身的文化价值，对外并购将预示着自己必须放弃文化优越感，使自己变得更多

---

① Deephouse D.L. Jaskiewicz P. Do family firms have better reputations than non-family firms? An integration of socioemotional wealth and social identity theories [J]. *Journal of Management Studies*, 2013, 50(3): 337-360.

② 陈凌，吴炳德. 市场化水平、教育程度和家族企业研发投资[J]. 科研管理，2014, 35(7): 44-50.

元从而容纳新型企业的进入,这使得家族重视的社会情感价值受到威胁。同时,企业并购还存在一定的风险,一旦并购失败不仅影响家族企业自身的运营,对品牌的声誉也是巨大的打击。[①] 文化差距也是家族企业放弃国际并购的重要原因。企业文化的不同不但会提高国际并购活动的失败率,还造成家族企业协调企业内部关系步履维艰,对企业并购之后的社会情感价值造成损害。对于传承几代的家族企业而言,资源的丰富和视野的宽广使得在国际并购方面胆子更大,即使如此,企业 CEO 在国际并购中仍会将安全放在首位,以保障家族企业长久坚持的社会情感价值理念。

良性的股市政策使家族企业敢于上市融资,但即使家族企业迈出了外部融资的步伐,在股权分配方面家族企业仍倾向于高现金股利、低股票股利这种双向的分配方式。在诸多数据研究中,学者们发现影响公司股利政策的重要原因是代理理论的出现,它使得股份分配变得更为科学和理性。多数数据分析家族对现金股利政策的实施并不积极,主要原因是它使家族对企业的控制遭到阻碍。[②] 家族股东作为企业的实际操作人,不受企业内部规章制度的约束,从而使得家族股东有机会"掠夺"企业资产,导致公司第一类代理成本不断增加,间接造成股东福利发放的减少。而有研究显示现金股利能够提高企业的运营效率,小股东在看到投资回报现金时对企业的发展会呈现积极的态势,从而使得企业资产的运用更便捷。对于家族企业来说,企业的运营现状不仅威胁着家族财富的增长,还将直接威胁是否能够长久地经营下去或世代传承的问题,这就是社会情感价值为什么长期受到家族企业重视的主要原因。因此,在家族企业具体治理程序中,家族成员会格外重视企业内外部的利益,以达到为员工营造轻松工作环境的目

[①] 李井林,刘淑莲,杨超. 所有权结构、家族管理与并购决策[J]. 投资研究,2013(7): 58–71.
[②] 魏志华,吴育辉,李常青.家族管理、双重委托代理冲突与现金股利政策——基于中国上市公司的实证研究[J]. 金融研究,2012(7): 168–181.

的，保证企业社会情感价值的高水准，而被学者鄙视的现金股利则是营造以上企业运营的绝佳方法。第一，现金股利能够减少外部股东和内部管理者之间的摩擦。第二，家族高层可以随意支配的现金在不断减少，使其因权力而随意消费的风险不断下降。现阶段国内外诸多学者认为，现金股利使得大股东不断套取公司利益，小股东长期处在被剥夺的位置，为了扭转当前形势给小股东更大的生存空间，家族企业放弃了不断增加现金股利发放的数量，而是将企业的名声和家族的利益放在首位，将现金股利发放数量放在第二位。股票股利的发放从侧面证实了企业未来的发展空间，这也是市场和投资者最热衷的利好消息。而上市公司为了体现企业的良好运营，会适当地选择股票股利的发放，以促进企业资产的增值。股票股利的影响主要在股权结构方面：股票股利在市场流动量的增加，使得小散户能够进入股票市场购买企业股份，从而使企业整体股票价格下降，大的股东股权价值得到稀释，而小散户的进入则保证了家族成员在企业中的地位。但家族成员手中的股票价值也相应地被稀释，这恰好保证了家族成员在企业中的控制权。虽然股票股利的方法是一个利好消息，但家族企业在此方面的措施仍然较为谨慎，以避免企业融资过量导致财务违约。

　　社会情感价值保障了家族企业的凝聚力，也给家族企业财务杠杆带来不同程度的影响。家族企业的融资、股权分配、投资三大战略部署，使得家族成员更认同对家族企业社会情感价值的维护。总而言之，为了企业未来发展和家族利益，家族企业在融资方面更倾向于低负债的股票融资，而融资成本则依照企业当前运营现状来决定；在财务投资方面，家族企业更趋向于安全稳定的财务投资，对风险较高、多元化投资和国际并购等战略嗤之以鼻，认为这种行为无法保障企业的安全运营，而正是由于安全性较高的投资方案，使家族企业的收益长期维持在中等水平；在股票融资方面，家族企业更倾向于股利分配政策，其中现金股份的分配占到总体股利分配的一半以上，而股票股利分配则相对少很多，这种特殊的分配方式也是为了保障的流动性，在削弱大股东利益的同时保障小股东的权益。由以上分析可知，家族企业在经营过程中一直保持着谨慎的经营态度，种种因素导致了家族企业在财务杠杆的选择上更加倾向于稳健或收缩型的财务杠杆。

第6章

家族管理和职业化经营实证研究

6.1 家族管理及其对绩效的影响

家族企业最大的特征就是家族管理。科尔贝塔（Corbetta）和蒙特梅罗（Montemerlo）最早用家族管理这一概念来反映家族参与企业经营、战略决策的程度。[1]企业在家族的把控下被打上了家族化的烙印，但是企业的目标是不变的，家族控制是家族与企业相互结合的结果，这就让企业实际上成为了家族的构成部分，家族的兴衰都与企业的发展息息相关。我们可以从所有权和经营权的角度来理解家族管理的含义。家族管理不仅控制的是现金流权，还控制着董事会的决策权，从微观上来说可以分为股东大会剩余控制权和董事会的决策控制权两种。[2]维拉伦格（Villalonga）和阿密特（Amit）认为家族管理理论可以分为两种：首先是从竞争方面来考虑的效率观念，其次是从私人获利角度出发的权力寻租理念，也就是控制家族通过各种手段转移和掠夺企业的现有财富。[3]在效率理念的影响下，家族企业的目的是追求家族财富和利润的最大化。当家族控制越强时，人们就会有着更高的欲望去制定企业长远的发展战略，这无形中提高了企业的竞争力。

---

[1] Corbetta G. Montemerlo D. Ownership, governance, and management issues in small and medium-size family businesses: A comparison of Italy and the United States [J]. *Family Business Review*, 1999, 12(4): 361–374.

[2] 陈德球，肖泽忠，董志勇．家族管理权结构与银行信贷合约：寻租还是效率？[J]．管理世界，2013(9)：130-143．

[3] Villalonga B. Amit R. Family control of firms and industries [J]. *Financial Management*, 2010, 39(3): 863–904.

从权力寻租的角度出发，家族也许会侵犯非家族投资者的利益，但是一般来说，家族侵犯其他投资者的利益才能保证自己利益的最大化。[1]家族在控制企业的经营管理时，经常需要权衡利弊。从效率理念的角度出发，家族一般具有独到的投资眼光，属于资深的长期投资方，这种独到的投资眼光和视野被看作是创始人的价值观而被传承到下一代。由于企业的兴衰关系到家族的兴旺发达，因此企业的生存成为了重中之重，家族管理下的企业会考虑到各种风险因素。与此相反的是，从家族控制权力的寻租角度出发，家族通过各种控制权在企业中处于优势地位，通过企业组织的不透明来侵吞企业的财产。[2]一般来说，家族企业会通过投票的方式让家族成员担任企业要职，并投入小额的股份来控制公司。特别是在政策环境不重视保护投资者的情况下，金字塔结构是比较常见的企业控制形式。

学术界普遍承认家族管理影响企业绩效，但对于家族管理的有效性一直存在较大的争议。哈伯森（Habbershon）等人认为，家族管理对企业创造财富和资本的积累有很大的影响，从而进一步影响企业的价值和绩效。[3]戴尔（Dyer）认为，家族管理影响企业价值一般有两种手段：一是家族与企业的关系带来的特有资源；二是家族管理影响企业组织里的委托代理关系的程度。[4]这位学者的创新观点使这一问题的研究出现了两个分支：一个是以资源基础理论作为研究的依据，另一个是以委托代理理论以及利他主义为依托。

有相当一部分的学者支持家族管理有效的观点，认为家族管理能提升

---

[1] Lin C. Ma Y. Malatesta P. et al. Corporate ownership structure and bank loan syndicate structure [J]. *Journal of Financial Economics*, 2012, 104(1): 1–22.

[2] Ellul A. Guntay L. Lel U. Debt agency costs and legal protection [J]. 2009, SSRN Working Paper.

[3] Habbershon T.G. Williams M. MacMillan I.C. A unified perspective of family firm performance [J]. *Journal of Business Venturing*, 2003, 18(4): 451–465.

[4] Dyer W.G. Examining the "family effect" on firm performance [J]. *Family Business Review*, 2006, 19(4): 253–273.

企业的绩效。学者迈耶（Mayer）和戴维斯研究了家族管理与企业经济效益之间的关系，得出了家族成员持有股份和企业的价值之间的正比例关系。[1] 安德森和里布通过研究说明了家族管理对企业经济效益的影响是存在的，特别是当家族成员控股超过30%的时候，家族企业的经济效益是非常客观的。[2] 我国学者也对家族管理的有效性进行了相关研究，陈凌通过分析提出，东南亚地区受到我国儒家思想的影响比较严重，对家的认同感很强烈，因此家族企业在这些地区是非常普遍的，但是家族管理不一定会阻碍企业的发展，有时候其内部治理结构会更有效果。[3] 贺小刚等学者通过研究揭示了一个规律，当权力没有过于分散的情况下，家族管理这种治理机制对于企业的治理效果有着推波助澜的作用。[4] 根据戴尔提出的观点，家族管理的有效性可以从两方面来理解：其一，家族与企业的互动产生了独特的资源和能力，使得家族管理促进了企业绩效的提升；其二，家族管理降低了家族企业内部的委托代理成本，提升了绩效。

从构建独特资源能力的角度而言，首先，相对于其他治理模式，家族企业的内部治理机制有很大的灵活性，能够引导企业针对市场的瞬息万变而做出及时的决策，诸如随时调整价格，以及清仓库存等。家族企业的管理不拖沓，这是其优势之一。家族成员所构建的社会关系网，对于家族企业而言也是一种竞争力，能够优化企业的治理效果。其次，家族的长期投资观，对于家族企业来说是宝贵的财富。与社会投资者相比，家族持股者对于企业的发展更能忍辱负重，并具有独到的投资眼光，为了长期获利，

---

[1] Mayer R.C. Davis J H. The effect of performance appraisal system on trust for management: A field quasi-experiment [J]. Journal of Applied Psychology, 1999, 84(1): 123-136.

[2] Anderson R.C. Reeb D.M. Founding-family ownership and firm performance: Evidence from the S&P 500 [J]. The Journal of Finance, 2003, 58(3): 1301-1327.

[3] 陈凌. 信息特征, 交易成本和家族式组织 [J]. 经济研究, 1998(7):27-33.

[4] 贺小刚,李新春,连燕玲等.家族内部的权力偏离及其对绩效的影响——对家族上市公司的研究 [J]. 中国工业经济, 2010(10): 96-106.

家族企业的领导者更愿意投资长线项目，而不是追求眼前利益。在投资策略的选择上，家族成员股东也有别于非家族成员股东，通常家族股东更重视财务回报和非财务回报的平衡。[1]家族企业的管理层更注重的是企业的发展潜力和长期战略目标的实现，并让企业一代一代地传承下去。不同于追求短期回报的社会投资者，家族投资者的这种长远投资观念会督促家族管理者把企业的经营权传承给后代。[2]

从降低委托代理成本的角度而言，毕竟血浓于水，由于家族成员间特殊的血缘关系，每个家族成员都将内部成员看成是自己人，彼此之间有着天然的信任。再加上受传统家族文化的影响，家族成员间也更易建立默契感。这些独有的特点大大减少了由于不信任而产生的投机和背叛，使家族企业的内部管理矛盾大大减少，有利于企业内部治理效果的提高。詹森（Jensen）和梅克林（Meckling）认为，家族企业成员间的价值观和利益观都是一致的，这种家族管理会促使企业的委托代理成本大为减少。[3]家族企业的股权集中化，会杜绝由于股权分散化而造成的利益不一致问题。菲利陶柴夫（Filatotchev）等人在此基础上又有了新的观点，他们认为家族管理会趋同委托人和代理人的利益观，从而提高企业内部激励机制的效果，确保内部监督的落实，这些都体现出家族企业内部治理机制的合理化。[4]我国学者储小平和李怀祖研究认为，家族成员中的管理者大多是经过精挑细选的，这种基于血缘关系的治理结构可以提高办事效率，家族成员间的默契程度由此提高，每个成员都能够倾全力去奋斗，家族的领导者更能通过树立的

---

[1] Aguilera R.V. Jackson G. The cross-national diversity of corporate governance: Dimensions and determinants [J]. *Academy of Management Review*, 2002, 28(3): 447-465.

[2] 陈德球，钟昀珈.制度效率、家族化途径与家族投资偏好[J].财经研究，2011(12):107-117.

[3] Jensen M.C. Meckling W.H. Theory of the firm: Managerial behavior, agency costs and ownership structure [J]. *Social Science Electronic Publishing*, 1976, 3(76): 305-360.

[4] Filatotchev I. Lien Y.C. Piesse J. Corporate governance and performance in publicly listed, family-controlled firms: Evidence from Taiwan [J]. *Asia Pacific Journal of Management*, 2005, 22(3): 257-283.

威信来协调工作上的矛盾，大大降低代理成本。[1]

另一派观点认为，家族管理下的企业是落后和无效率的，家族企业过于强化家族管理，对企业绩效有负面影响。国内研究者以血缘治理为出发点，对家族企业的管理模式进行研究分析，揭示了以血缘关系为纽带的家族管理方式会滋生家长制和一言堂的现象，为任人唯亲提供了平台，长此以往不利于家族企业的快速发展。[2] 这种无效性同样可以从两个角度来理解：企业资源的角度和委托代理成本的角度。

从家族企业获取资源和能力的角度而言，首先，家族管理的内部治理结构会阻碍企业从社会环境中获得所需要的资源。原因在于家族成员人数在公司董事会中占的比例较大，在管理经验上比较欠缺，同时一些潜规则的存在也导致社会人力资本的引入，不利于企业的壮大和发展。[3] 比如说任人唯亲的现象在家族企业屡见不鲜，这就导致专业人才的引入过程受阻，造成企业的发展受到制约。受"利他主义"的影响，家族成员对权力的过分追逐会陷入对社会资源的争抢中[4]，为了使家族的利益免遭受损，对企业进行控制并转移一切有利于家族企业成长的资源[5]，置企业于破产的边缘。另有研究者认为，家族管理会阻碍企业吸收并利用来自社会的资源，致使企业的资源面临枯竭，不利于企业的持续发展。[6]

---

[1] 储小平, 李怀祖. 信任与家族企业的成长 [J]. 管理世界, 2003(6): 98-104.

[2] 连燕玲, 张远飞, 贺小刚等. 亲缘关系与家族管理权的配置机制及效率——基于制度环境的解释 [J]. 财经研究, 2012(4): 92-102.

[3] Khurshed A. Discussion does the presence of venture capitalists improve the survival profile of IPO firms？ [J]. *Journal of Business Finance & Accounting*, 2000, 27(9-10): 1139 - 1183.

[4] Benson B. Crego E.T. Drucker R.H. Your family business: A success guide for growth and survival [D]. Homewood, IL: Dow Jones-Irwin, 1990.

[5] Johnson S.Porta R.L. Lopez-De-Silanes F. Tunneling [J]. *American Economic Review*, 2000, 90(2): 22-27.

[6] 吕福新. 家族企业的资源短缺与理念接续——宁波方太厨具有限公司持续发展的案例研究 [J]. 管理世界, 2003(12): 128-136.

第6章 家族管理和职业化经营实证研究

从委托代理成本的角度而言，舒尔茨（Schulze）等研究者经过分析认为，家族管理可能会导致委托代理的矛盾加剧。首先，家族企业中所有权和经营权的合并，使企业管理者的自我控制风险加剧，所谓"自我控制"是指非经济利益导向所导致的一些损人又不利己的行为。[①]家族成员为了达到全盘控制家族企业的目的，或者是树立家族固有的威信，对非家族成员的投资方持敌视和排外的态度，长此以往会促使家族权力过于膨胀，缺乏监督和制约机制。[②]如果缺少了外部监督，负责经营企业的家族成员毫不考虑后果和毫无自制力的行为往往是家族企业经营过程中最大的风险。其次，基于血缘关系的原因，家族成员间的裙带关系颇为微妙，导致企业人力资源管理部门职权的架空和管理的混乱，甚至出现家族成员出工不出力的现象，严重损害着企业的治理效果。利他主义的观念可能会影响企业主对代理人工作成果的客观评价和反馈，家族成员天然地被认为应该承担起家族代理人的职务，所以即使在工作过程中无法获得一个好的成绩，也不会因为没有完成绩效任务而被企业的奖惩制度所惩罚，导致家族企业的内部治理名存实亡。[③]况且作为家族成员的代理人，也会存在着投机行为。随着家族威信的逐渐减弱，家族成员之间的凝聚力逐渐降低，大家族会分化为若干个利益小团体，成员间的不信任和互相猜忌会导致家族成员为了权力的争夺而造成严重的内耗，使企业的活力减弱。[④]

[①] Schulze W.S. Lubatkin M.H. Dino R N. Toward a theory of altruism in family Firms [J]. *Journal of Business Venturing*, 2003, 18(4): 473–490.

[②] Kaplan S.N. Financial contracting theory meets the real world: An empirical analysis of venture capital contracts [J]. *Review of Economic Studies*, 2000, 70(2): 281–315.

[③] Schulze W.S. Lubatkin M.H. Dino R.N, et al. Agency relationship in family firms: Theory and evidence [J]. *Organization Science*, 2001, 12(2): 99–116.

[④] Schulze W.S. Dino R.N. Exploring the agency consequences of ownership dispersion among the directors of private family firms [J]. *Academy of Management Journal*, 2003, 46(2): 179–194.

6.2 职业化经营及其对绩效的影响

家族企业职业化经营是家族企业引入职业经理人,并通过职业经理人分析和了解家族企业的企业文化,并在企业生产经营的每个环节中,熟练运用自己所学的专业知识和积累的经验实现企业的既定战略目标。[①] 伴随着家族企业发展和壮大,家族中的人力资源严重缺乏,这就加速了社会人力资源整合的步伐,家族企业里最有价值的人力资本就是这些职业经理人。家族企业为了改善内部治理结构,开始习惯性地招聘社会上的管理人才,这对于家族企业来说,是一种理念上的突破,象征着家族企业开始朝着现代企业方向发展。[②] 在发达资本市场中,有关家族企业职业化经营研究主要集中在有效性问题上,即职业化经营是否可以提升企业绩效。而在新兴资本市场中,家族企业职业化经营的研究除了关注有效性,还考察引入和融合职业经理人过程中存在的难题。

家族企业与职业经理人之间的信息不对称,家族企业的传统集权思想以及信息泄露的风险,这些都成为了家族企业不愿主动引入职业经理人的原因。首先,在家族企业所有者和职业经理人的沟通过程中,并没有明确规定双方信息公开的程度,信息公开的多少是由双方的信任和利益决定的。在交易的过程中,存在着强烈的主观意向,还包括人内在的原因,如

---

① 徐海波. 职业化经营能力对家族企业绩效的影响——基于信任的中介作用[J]. 中国流通经济, 2013, 27(4): 99–104.

② 储小平. 职业经理与家族企业的成长[J]. 管理世界, 2002(4): 100–108.

人的性格、价值观、生活习惯以及态度等。再加上中国社会的信息集中程度比较高，使双方之间的信息不对称的问题凸显。学者张维迎把他的研究都集中在信息不对称方面，认为家族企业所有者和职业经理人的信息不对称主要体现在以下几个方面。[1]第一，双方关于业务素质和能力的信息不对称。人力资本与实物或者货币资本有着显著的不同。人力资本是很难在短时间内被评估的，虽然人力资本与文化程度、工作经验有关，但绝不是衡量人力资本优劣的全部因素。比如说知识水平不能代替能力，人的经验也不是在每种场合都能发挥作用。实物和货币资本信息的披露基本上是完全公开的，不会存在隐瞒等现象，但是人力资本可以被隐瞒，甚至可以被歪曲。第二，企业所有者和职业经理人之间的诚信度不够。由于信息的不完整，在人力资本交易之前，是不可能通过签订协议来进行定性的。在履行义务的过程中，经常会出现协议中不存在的现象，职业经理人出于机会主义而做出很多行为，靠之前的协议来对其行为进行约束是很难的，只能靠诚信等道德因素的约束。不管是何种市场，名声和口碑都是保证交易具有延续性的不可或缺的东西。名声对人的影响是有效的，对实物资本基本不起作用。第三，家族企业所有者和职业经理人就人力资本的产出存在着信息不对称的现象。人力资本的产出弹性很大，激励效果是千差万别的。所以，对于职业经理人的人力资本产出的信息是很难提前预判的。

其次，在西方社会，人力资本的信息是比较明朗的，不受人格的影响，可以通过契约来进行行为的约束。而包括中国在内的，奉行的是"低文本书化"，人与人之间的沟通比较含蓄，而且信息交流是在对文化认同的基础上进行的，沟通和交流比较高效。[2]中国人多喜欢察言观色，彼此产生心理上的默契。而且企业的所有者都偏向对信息进行垄断。特别是私企的企业主，关于客户来源、市场竞争、材料的采购和营销策略等，他们都了如指

---

[1] 张维迎. 产权、政府与信誉 [M]. 生活·读书·新知三联书店, 2001.
[2] 陈凌. 信息特征、交易成本和家族式组织 [J]. 经济研究, 1998(7): 27-33.

掌，不需要进行文字记录。一般家族企业的所有者会让非家族成员的职业经理人避讳一些重要的信息。但是有些信息是职业经理人管理企业所迫切需要的，如果无法掌握这些信息，就无法很好地履行自己的职责，就会导致企业主误认为是他能力不足。

最后，企业所有者和职业经理人之间达成的协议有漏洞，例如尽职尽责地完成规定的任务、所需的创新意识和团队协作精神等方面，这些都无法通过协议来达成双方的共识。人力成本的所有权并不属于企业，而是单个人所有的，必须通过激励机制来体现人力成本的价值。[①]当职业经理人进入到家族企业之后，不同程度地接触到企业的商业机密和重要信息，并一定程度上干预着企业的生产和经营。如果激励机制存在着不合理的因素，职业经理人不仅会停止自己的人力资本输出，还会导致企业内耗严重，甚至会使人力资本外流，使商业机密外泄，成为跳槽发展的重要砝码。更为严重的是职业经理人获取企业重要的信息以及客户的人脉资源，自己单干并与原来的老东家展开竞争。

虽然我国家族企业的职业化经营尚处在起步阶段，还面临着诸多现实难题，但不可否认很多家族企业已经具备了职业化经营的意识，并将之付诸实践。只不过，在中国特有的政治经济环境下，职业化经营对家族企业的影响尚待检验。与家族管理影响企业绩效研究结果类似，国内外学者在职业化经营对家族企业绩效的影响研究上，也未能达成一致。有学者主张家族企业引入职业经理人有利于企业绩效的提升，他们认为，家族企业中家族管理的顽疾在于过度依赖企业创业者以及掌握的资源，缺乏社会资本源源不断地输入，企业就像失去新鲜血液而导致缺乏活力。但是职业经理人能够改变这种缺乏后劲的现状，为企业带来新鲜的血液。还有学者认为职业经理人的引入，会不利于家族企业的常规治理，这是缘于职业经理人

---

① 周其仁.市场里的企业：一个人力资本与非人力资本的特别合约[J].经济研究，1996(6)：71–79.

的引入会导致企业所有权和经营权的分离，这就为家族企业的委托人和代理人之间不和谐关系的产生埋下了隐患。

支持职业化经营的学者阵营认为，家族企业发展到一定阶段，必然要走向管理的职业化，职业化经营的趋势是不可逆转的。职业经理人具备较丰富的专业知识，在企业中历练多年，积累了丰富的企业经营经验，能够从容地把握市场动向，能够完善家族企业的内部治理结构，并引入创新元素，所以职业经理人的进入是有利于家族企业的发展的。查（Chua）等学者认为，家族成员由于过于看重自己在家族企业中的地位，不能从企业的全局考虑，特别是对企业的发展战略置若罔闻，再加上利他主义理念导致了对家族代理人缺乏激励机制，因此职业经理人比家族成员更能为企业创造更多的财富。[①] 因为职业经理人很少受到企业组织的约束，更倾向于大刀阔斧地改革和实施有利于企业飞跃发展的战略，带来企业的蜕变，最终使企业获得更大的经济效益。国内研究者经过对我国家族企业深层次的研究，认为家族管理从总体上来说是弊端比较多的，需要外引职业经理人来改善家族企业的内部治理结构。比如说，以辛金国为代表的学者充分证实了家族企业是能够外引职业经理人来改善家族企业的治理效果的。[②]

反对职业化经营的学者阵营承认，当家族成员内部出现人力资本短缺时，家族企业不得不聘用职业经理人，但他们认为职业经理人与家族成员之间存在代理问题，因此职业经理人的进入会影响企业的发展。家族企业的所有权拥有者是企业的委托人，他通过聘用职业经理人来作为企业代理人，并要求他们从事企业的管理工作，但是职业经理人和家族企业的委托人即企业主在利益目的和效用等方面存在着很多差别，甚至是矛盾，从而

[①] Chua J.H. Chrisman J.J. Sharma P. Succession and nonsuccession concerns of family firms and agency relationship with nonfamily managers [J]. *Family Business Review*, 2003, 16(2): 89–107.

[②] 辛金国, 潘小芳, 管晓永. 家族性因素对家族企业绩效影响的实证研究 [J]. 科研管理, 2014, 35(11): 118–125.

对企业的内部治理起到反方向的作用。以马斯塔卡里奥（Mustakallio）为代表的学者经过分析认为，在家族企业里，由于职业经理人的行为而导致对企业利益造成的损害屡见不鲜。[1]从诚信的层面来分析，职业经理人得到家族成员的扶植是非常难的，所以这会导致代理的成本上升，内部矛盾升级，不利于公司经济效益的提高。[2]学者鲁迪格（Rudiger）认为，职业经理人缺少内部家族成员的特质，如果企业没有完善的内外部监督和激励机制，他们会为了自己的职业前景而做出有损于企业利益的事情。[3]以米勒（Miller）为代表的研究者发现，职业经理人的引进反而会阻碍家族企业的经济效益的提高，因为企业的股权被家族成员掌控，职业经理人对企业缺乏必要的归属感，因此缺少锐意进取的精神，也缺乏提高家族企业治理效果的动力。[4]国内有些学者还发现，在国内企业法律不完善的当下，企业缺少对职业经理人行为的制约机制，在这种情况下，外引职业经理人很可能会导致企业资源的浪费，或者是企业商业信息的泄露，这些信息反而会成为职业经理人跳槽的筹码，最终不利于家族企业治理成果的提高。[5]

---

[1] Mustakallio M. Autio E. Zahra S.A. Relational and contractual governance in family firms: Effects on strategic decision making [J]. *Family Business Review*, 2002, 15(3): 205-222.

[2] 李婧, 贺小刚. 控制性股东与CEO的亲缘关系对企业技术创新能力的影响[J]. 科技管理研究, 2011, 31(8): 148-155.

[3] Rudiger, FaMenbrach. Founder-CEOs, investmen decisionsm, and stock market performance[C]. Fiher College of Busines Working Paper Series, 2007.

[4] Miller D. Breton-Miller I.L. Lester R.H. Family and lone founder ownership and strategic behaviour: Social context, identity, and institutional logics [J]. *Journal of Management Studies*, 2011, 48(1): 1-25.

[5] 陈凌, 应丽芬. 代际传承：家族企业继任管理和创新[J]. 管理世界, 2003(6): 89-97.

6.3 家族管理和职业化经营理论模型

根据委托代理理论以及社会情感价值理论，家族企业选聘家族内部CEO以保持高度的家族管理或者聘用职业经理人进行职业化经营各有利弊。管家理论、利他主义以及社会情感价值理论表明，与职业化经营相比，家族内部传承既有优势，又存在阴暗面。内部传承有助于降低第一类代理成本但会加剧第二类代理问题。由此，根据现有理论基础，本书构建了家族管理与职业化经营影响家族企业绩效的理论模型（如图6-1所示）。

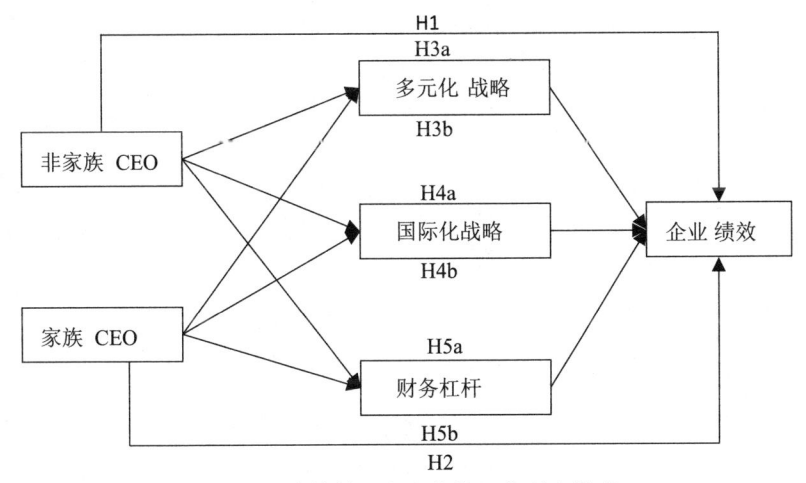

图6-1 家族管理和职业化经营理论模型

本节重点关注家族管理和职业化经营对家族企业战略选择及绩效的影响，考察家族CEO和非家族CEO对家族企业绩效的作用，并以家族企业战略决策为切入点，细致分析CEO类型对企业绩效的影响路径。具体而言，以家族企业CEO类型作为自变量，研究其对因变量企业绩效的影响，并引入多元化战略、国际化战略以及财务杠杆作为中介变量。需要说明的是，在家族管理和职业化经营影响家族企业战略及绩效的研究中，家族管理和职业化经营主要用家族 CEO 和非家族 CEO 来衡量。家族企业 CEO 是否由家族成员担任是家族管理的核心要素，学者们通常将家族管理这一概念操作化为 CEO 类型、家族控股比例、家族代际数或家庭数等变量。本书中，为了突出与职业化经营（非家族 CEO）的对比，主要考察家族管理中家族 CEO 对战略及绩效的影响作用，具体回归模型如下：

$$ROA_{it} = \beta_0 + \beta_1 FCEO_{it} + \beta_2 Age_{it} + \beta_3 size_{it} + \beta_4 Rew3Exe_{it} + \beta_5 DirNum_{it} + \beta_6 OwnCon_{it} + \Sigma Industry + \Sigma Province + \Sigma Year + \varepsilon_{it} \quad (6-1)$$

$$HHI_{it} = \beta_0 + \beta_1 FCEO_{it} + \beta_2 Age_{it} + \beta_3 size_{it} + \beta_4 Rew3Exe_{it} + \beta_5 DirNum_{it} + \beta_6 OwnCon_{it} + \Sigma Industry + \Sigma Province + \Sigma Year + \varepsilon_{it} \quad (6-2)$$

$$ROA_{it} = \beta_0 + \beta_1 FCEO_{it} + \beta_2 HHI_{it} + \beta_3 Age_{it} + \beta_4 size_{it} + \beta_5 Rew3Exe_{it} + \beta_6 DirNum_{it} + \beta_7 OwnCon_{it} + \Sigma Industry + \Sigma Province + \Sigma Year + \varepsilon_{it} \quad (6-3)$$

$$International_{it} = \beta_0 + \beta_1 FCEO_{it} + \beta_2 Age_{it} + \beta_3 size_{it} + \beta_4 Rew3Exe_{it} + \beta_5 DirNum_{it} + \beta_6 OwnCon_{it} + \Sigma Industry + \Sigma Province + \Sigma Year + \varepsilon_{it} \quad (6-4)$$

$$ROA_{it} = \beta_0 + \beta_1 FCEO_{it} + \beta_2 International_{it} + \beta_3 Age_{it} + \beta_4 size_{it} + \beta_5 Rew3Exe_{it} + \beta_6 DirNum_{it} + \beta_7 OwnCon_{it} + \Sigma Industry + \Sigma Province + \Sigma Year + \varepsilon_{it} \quad (6-5)$$

$$Leverage_{it} = \beta_0 + \beta_1 FCEO_{it} + \beta_2 Age_{it} + \beta_3 size_{it} + \beta_4 Rew3Exe_{it} + \beta_5 DirNum_{it} + \beta_6 OwnCon_{it} \Sigma Industry + \Sigma Province + \Sigma Year + \varepsilon_{it} \quad (6-6)$$

$$ROA_{it} = \beta_0 + \beta_1 FCEO_{it} + \beta_2 Leverage_{it} + \beta_3 Age_{it} + \beta_4 size_{it} + \beta_5 Rew3Exe_{it} + \beta_6 DirNum_{it} + \beta_7 OwnCon_{it} + \Sigma Industry + \Sigma Province + \Sigma Year + \varepsilon_{it} \quad (6-7)$$

该模型中涉及的核心概念有家族企业 CEO、多元化战略、国际化战略、财务杠杆、企业绩效。以下对这些概念进行详细说明：

（1）家族企业 CEO

CEO（Chief Executive Officer）全称为首席执行官，是负责企业具体经营管理事务的最高长官,是20世纪60年代美国研究者在研究如何使公司的治理结构在原有基础上进行改变和创新时所建立的概念。随着市场的需求变化越来越快、越来越没有规律可循,对企业面对变化时所制定的应对策略的速度和执行这一决策的力度的要求越来越严格。以前很多旧的公司体制,例如由董事会进行决策,再由经理层去执行的体制已经跟不上时代的需求,无法满足现在的需要了。同时,决策层和管理层的分离,使得信息传递需要大量的时间,同时在传递过程中存在信息丢失和决策成本,这些都极大地影响企业在面对变化时的决策反应速度和执行应变能力。那么如何解决这一问题,主要的方法就是使经理人能够在面对变化时不再等待董事会的决策,而是有权利进行自主决策,但同时经理人需要对自己所做出的决策和随后付之的行动负责。在这样的时代变革中,CEO这一概念就产生了。在某个层面上其代表的就是传统的经营层拥有了一部分企业决策的权利。

在中国,某些以互联网为主营业务的企业最早引入了CEO的概念,发展至今,也被大多数企业所采用。国外CEO的权威更加绝对,更少受到来自企业各方利益者的牵制,做出决策后具体的执行权力就会下放。而与国外相比,国内CEO的职能比较模糊,会更多地介入到公司具体的事务中去。在家族企业中,由于发展过程中企业家起到了主导性作用,其威望在企业中形成了强大的影响力,所以往往在创始人阶段,创始企业家充当家族企业实际的CEO。而在传承过程中,创始人退居幕后,接任者成为企业经营管理的实际负责人,担任企业实际的CEO。企业CEO制度是与现代企业制度相适应的,从实践角度而言,掌控企业实际经营管理决策权的人即为企业真正意义上的CEO。所以,在亚洲比较成熟的资本市场中,如中国,CEO可以是董事长、副董事长,也可以是总经理。

本书考察家族企业传承过程中家族管理和职业化经营即家族CEO与非

家族CEO对战略和绩效的影响，主要关注传承之后的二代"一把手"。根据中国家族企业的实际情况，传承之后，企业创始人往往担任公司总裁或董事长，而家族接班人或职业经理人往往担任总经理，负责具体经营事务。因此，本书中界定的家族企业CEO主要是指上市公司的总经理。本书将家族企业CEO类型划分为两大类，分别为家族CEO及非家族CEO。所谓家族CEO指的是控股家庭的家族成员担任企业CEO一职。详细来讲，家族CEO指的是同企业创始人存在亲缘关系的CEO，比如配偶、直系或旁系血亲等等。而非家族CEO则指的是同企业控制权所有者不存在亲缘关系的非家族成员出任公司CEO，就是通常意义上的职业经理人。职业经理人是以经理为职业，以契约关系受聘于企业，并且运用全面的经营管理知识和丰富的管理经验引导企业盈利的人。[1] 根据研究目的，本书进一步将家族CEO划分为初代CEO和继任CEO，初代CEO是指由企业的创始人担任CEO，继任CEO则是在企业创始人卸任之后由其他家族成员出任CEO（如图6-2所示）。

图6-2 家族企业CEO类型划分

资料来源：作者自行整理。

本书将自变量CEO类型作为虚拟变量放入研究模型，在CEO类型对家族企业战略及绩效的研究中，若企业的CEO是家族成员，则将该变量标

---

[1] 姚丽霞. 基于利益相关者理论的家族企业职业经理人的特质研究[J]. 浙江学刊, 2008(3): 171-174.

记为"1",若企业的 CEO 是家族之外的职业经理人,则将该变量标记为"0"。在家族企业代际绩效差异的研究中,若企业的 CEO 为家族企业创始人之后的继任者,则将该变量标记为"1",若企业的 CEO 为家族企业创始人本人,则将该变量标记为"0"。

（2）多元化战略

多元化战略的概念最早由安索夫（Ansoff）提出,他认为向新市场销售新产品即为多元化。[①] 有关多元化的研究兴起于 20 世纪 50 年代的美国,并逐步引起了欧洲各国以及其他国家的学者们的研究热潮。对于多元化战略的内涵界定主要集中在早期有关公司战略的相关文献（见表 6-1 所示）。

表 6-1　多元化战略的内涵界定

多元化的定义	学者
主营业务产品种类的增加,进入新的业务领域、强调产品与市场的结合；水平多元化、垂直多元化、同心圆多元化和混合型多元化	安索夫, 1957, 1965
企业在基本保留老产品生产线的情况下,扩张其生产活动,开展若干新产品（包括中间产品）的生产	彭罗斯（Penrose）, 1959
企业最终生产线的增加,同时强调多元化与企业组织结构的匹配	钱德勒, 1962
单个企业所经营的异质产品数目的增加,差异较小的同类产品或简单的产品组合并不是多元化	戈特（Gort）, 1962
企业所经营行业数目的增加	贝瑞（Berry）, 1971
企业在原有业务活动的基础上通过协调原有的资产、技术表现出的新战略,进入新行业或新的产品线	鲁梅尔特（Rumelt）, 1974

资料来源：作者自行整理。

随着市场的变化和发展以及研究深度的拓展,多元化的内涵也在不断丰富。在早期经典文献的基础上,结合国内外学者的研究,企业多元化战略的界定可以划分为两大类别：动态性和静态性。动态性反映企业实施多

---

① Ansoff H.I. Strategies for diversification [J]. *Harvard Business Review*, 1957, 35(5): 113–124.

元化发展壮大的过程，强调行为；静态性反映企业跨行业经营的业务或产品分布情况，强调状态。本书中，主要是对多元化战略的静态性加以考察，将其定义为跨行业经营来研究家族企业多元化的程度。

在企业多元化战略的测量上，彭罗斯（Penrose）最早强调生产业务范围的增加对多元化度量的重要性。[1]瑞格利（Wrigley）首次提出了专业化率（Specialization ratio，简称 SR）的概念，对多元化程度进行测量，专业化率是企业最大经营项目销售额与企业总销售额的比值。[2]鲁梅尔特则通过专业化率和相关比率对多元化类型和程度进行度量。[3]在多元化的分类基础上，学者们开发了一系列反映企业多元化程度的测量指标，主要包括多元化虚拟变量、行业数目、赫芬德尔指数法和熵指数法等，其中，在实证研究中运用较广泛的是赫芬德尔指数法。

用赫芬德尔指数衡量企业多元化涉及变量的选取及产业的界定，通常是以企业在各行业的收入作为衡量变量，再以此计算出企业在不同行业的投入比例。家族企业的多元化是家族企业各行业收入占总收入比重的平方和，通常用调整后的赫芬德尔指数（HHI）表示。[4]起初赫芬德尔指数是用于评价市场某一产业的集中性，广泛流行于产业经济学范畴中，其指的是在某一具体环境下每一个单位企业在整体销售额中所占比重的平方和。因该指标能够有效评价不同行业环境中企业的经营性，其后被应用于管理学范畴中，常适用于上市企业多元经营性的评价。

参照大部分研究的做法，本书也用调整后的赫芬德尔指数来衡量多元

---

[1] Penrose E. *Theory of the growth of the firm* [M]. New York: Wiley, 1959: 210–221.

[2] Wrigley L. Divisional autonomy and diversification [D]. Harvard Business School (unpublished doctoral thesis), 1970.

[3] Rumelt R.P. *Strategy, structure, and economic performance* [M]. Boston: Hardvard Business School Press, 1974: 23–34.

[4] Berry C.H. Corporate growth and diversification [J]. *The Journal of Law and Economics*, 1971, 14(2): 371–84.

化水平，计算方法如下：

$$\text{HHI} = 1 - \sum_{i=1}^{n} p_i^2$$

其中，n 为家族企业经营的行业总数，p_i 是家族企业在单个行业中的营业收入与企业总营业收入的比。该表达式中 p_i 取值的平方和，值域大于 0 而小于等于 1。企业经营越分散，多元化程度越高，这个平方和的值就越小，反之则越大。当企业从事专业化经营，即只有单一业务时，该业务的营业收入占总营业收入的比为 1，该平方和的值也为 1。因此，本书在采用 HHI 指数时，用 1 减去这个平方和，使 HHI 指数与企业的多元化经营水平正相关，即企业经营越是分散，HHI 指数的值就越高，单一经营的专业化公司该指数就为 0。

（3）国际化战略

企业国际化战略是近 30 年来学术界都广为关注的研究课题，国际化是企业与其他国家的公司所建立的交易程序，能在将来提升企业的国际知名度和影响力。对于国际化内涵的阐述，不同的学者有着不同的理解，诸如约翰逊（Johanson）和瓦林（Vahlne）认为，国际化战略是企业赢得海内外市场的有关信息，并将这些信息知识变成市场投入的过程，所以国际化市场信息的获得与储存是最为至关重要的；[①] 韦尔奇（Welch）和卢奥斯塔赖尼恩（Luostarinen）两位学者把国际化战略界定成参与到国际运营中程序的增加。[②] 虽然说法不尽相同，但是所有的界定都有着共同点，那就是强调国际化意味着企业的正常经营事务是跨区域的，甚至是面向全球的发展过程。

[①] Johanson J. Vahlne J.E. The internationalization process of the firm—A model of knowledge development and increasing foreign market commitments [J]. *Journal of International Business Studies*, 1977, 8(1): 23-32.

[②] Welch L.S. Luostarinen R. Internationalization: evolution of a concept [J]. *Journal of General Management*, 2003, 14(2): 34-35.

对于家族企业国际化的认定，研究的目的也会不尽相同，但是存在的共性问题是国际化意味着家族企业的经营范围已经超出了本国的范围。[1] 综合考虑，家族企业的国际化主要表现为以下五种方式：商品与服务的出口、与外国企业的联合经营、利用资本市场对外国企业进行并购、特许经营和国际新创企业。[2] 后三者都属于对外直接投资 (FDI)，出口和 FDI 是最常见的家族企业国际化经营方式。本书认为国际化战略是企业产品与服务在本土之外的发展战略，其过程就是产品及生产要素流动性逐渐增大的过程，主要目的是通过国际市场组合生产要素，实现产品销售，以获取最大利润。

国际化模式、程度是家族企业国际化测量的两个指标。其中国际化模式代表的是家族企业以何种方式参与到国际市场之中，而国际化程度则代表着国际市场内家族企业所占的比重及参与能力。[3] 家族企业国际化模式共涉及两个方面：对外直接投资、出口。所以也主要从这两个角度入手进行国际化测评。但大部分对家族企业国际化的研究都聚焦于出口问题，仅有少量研究关注 FDI 或同时考虑出口和 FDI。其背后的原因主要有两个：第一，以家族企业的发展为切入点，一般为中小型企业，在国际化过程中首先会围绕着出口来做文章，具有实力对外直接投资的家族企业相对较少；第二，从数据的可得性而言，家族企业 FDI 的数据相对较少，为了保证统计分析的信度和效度，研究者可能出于定量分析可行性而不得不放弃了 FDI 指标。我国学者李军等人通过对研究 SSCI 及 CSSCI 于 1991—2015 年间收

---

[1] Pukall T.J. Calabr ò A. The internationalization of family firms: A critical review and integrative model [J]. *Family Business Review*, 2014, 27(2): 103–125.

[2] Zahra S.A. Garvis D.M. International corporate entrepreneurship and firm performance: The moderating effect of international environmental hostility [J]. *Journal of Business Venturing*, 2000, 15(5): 469–492.

[3] Zahra S.A. Ireland R.D. Hitt M.A. International expansion by new venture firms: International diversity, mode of market entry, technological learning, and performance [J]. *Academy of Management Journal*, 2000, 43(5): 925–950.

录的关联论文，对家族企业国际化发展过程中的主要评价因素进行了总结（见表 6-2）。

表 6-2　家族企业国际化的主要测量指标

国际化指标	测量	代表性文献
国际化规模/深度（Scale/Intensity）	出口额占企业销售额的比重	戴维斯（Davis）和哈维斯顿（Harveston）（200）等13篇文献
出口倾向（Export propensity）	企业有无出口设为0-1变量	费尔南德斯（Fernandez）和涅托（Nieto）（2005）等6篇文献
地理范围（Geographicscope）	产品销往的国家数	扎赫拉（Zahra）（2003）等3篇文献
扩展边际（Extensivemargin）	产品销往的国家数	米内蒂（Minetti）（2015）
集约边际（Intensive margin）	产品出口额	米内蒂（Minetti）（2015）
FDI倾向（FDI propensity）	有无FDI设为0-1变量	梁（Liang）（2014）
国际化进程（Pace）	设立的海外分支机构数量	林（Lin）（2012）
国际化范围（Scope）	设立海外分支机构的国家数量	林（Lin）（2012）
国际化节奏（Rhythm）	企业各年海外分支机构数量的一阶导数的峰度	林（Lin）（2012）

资料来源：李军，杨学儒，檀宏斌. 家族企业国际化研究综述及未来展望 [J]. 南方经济，2016(5): 62-86.

根据表 6-2，家族企业国际化的测量指标大致有两类：是否进行国际化的虚拟变量指标以及国际化程度的具体数据指标。其中，是否进行国际化的虚拟变量指标包括家族企业有无出口或有无 FDI，通常设为 0-1 变量；[1]国

---

[1] Liang X. Wang L. Cui Z. Chinese private firms and internationalization: Effects of family involvement in management and family ownership [J]. *Family Business Review*, 2013, 27(2): 126-141.

际化程度的具体数据指标包括产品销往的国家数与产品出口额[①]，设立海外分支机构的数量与所在国家数量[②]，整体资产中域外资产所占份额，整体补助中域外补助所占比例，或是整体员工中外籍员工所占比重、企业整体收入中域外收入所占份额等。[③] 众多指标中，应用最广泛的是总销售额中域外销售额所占比重，该指标包括家族企业打入国际市场所选择的不同的方式，客观性及准确性更强。因此本书采用海外收入与企业总收入的比值作为家族企业国际化程度的测量指标。

（4）财务杠杆

财务杠杆是指企业通过融资的方式，包括债券融资和股权融资，付出增加负债的代价，使得普通股每股所产生的收入变化的比例要远远高于息税前利润变化的比例的情况。财务杠杆通过摊薄普通股每股所应该承担的固定财务费用，来为投资企业的人获得更多的利益。由此可见，负债是财务杠杆的根本，财务杠杆效用源于企业的负债经营。具体而言，财务杠杆效应包含经营杠杆、财务杠杆和复合杠杆三种形式。

从财务管理的角度来说，负债在企业的经营活动中扮演着很重要的角色，企业通过负债可以获得大量的资金来源，但是负债经营和运用财务杠杆不仅能为企业带来大量资金，也会增大企业的经营风险，使企业面临资不抵债、被迫破产的危险境地，因此，对财务杠杆的运用，需要妥善拿捏好度。

[①] Minetti R. Murro P. Zhu S.C. Family firms, corporate governance and export [J]. *Economica*, 2015, 82(S1): 1177–1216.

[②] Lin W.T. Family ownership and internationalization processes: Internationalization pace, internationalization scope, and internationalization rhythm [J]. *European Management Journal*, 2012, 30(1): 47–56.

[③] Davis P.S. Harveston P.D. Internationalization and organizational growth: The impact of internet usage and technology involvement among entrepreneurled family businesses [J]. *Family Business Review*, 2000, 13(2): 107–120.

本书认为财务杠杆是指企业利用负债来调节权益资本收益的手段，财务杠杆比率是指公司通过债务筹资的比率。财务杠杆与企业绩效密切相关，杠杆系数越大，财务风险越大等。[①]财务杠杆同时也反映了家族企业资本结构的构成，通常而言不存在一个理论上的合理值，在不同的行业具有很大差异，甚至同一行业内的不同企业之间也存在较大差异。财务杠杆率对于企业绩效的影响主要是税盾效应。一方面，随着财务杠杆率的提高，将带来更多的税收优惠，理论上当公司资本全部由负债构成时企业价值最大；但在另一方面，财务杠杆率的提高也增加了企业的破产风险。财务杠杆还反映了债权人对股东的影响，进而对企业绩效产生影响，是衡量企业财务安全性以及反映企业对债务融资依赖程度的重要指标。

对于企业财务杠杆的衡量，通常运用产权比率、资产负债率或长期负债对长期资本比率等指标。其中，产权比率是指企业负债与股东权益的比值，反映企业基本的财务结构以及负债资金与权益资金的相对关系。资产负债率是指负债总额与资产总额的比值，反映债务融资对企业发展的重要性。资产负债率同财务风险间存在着正比例关系：企业的资产负债率越低，其面对的财务风险相对就越低；反之则越弱。长期资本中长期负债所占比重就是长期负债对长期资本比率，反映长期负债对于资本结构（长期融资）的相对重要性。根据研究目的，本书主要考察不同类型的经营管理者（家族 CEO 和非家族 CEO）通过财务选择反映出风险偏好，而资产负债率和企业风险的联系最为紧密。因此，本书中的财务杠杆主要通过企业的资产负债率来体现，是企业总负债与总资产的比值，反映负债水平。

（5）企业绩效

对于企业绩效，学者们没有一个统一的定义。学术界目前主要分为两

[①] 许永斌，郑金芳.中国民营上市公司家族管理权特征与公司绩效实证研究[J].会计研究，2007(11): 50–57.

派，一派认为企业只有把握好经营环节中的每一个节点的绩效，才能处于良性的经营过程，即过程绩效；另一派则认为通过结果来判定企业的经营状况更加客观和准确，即结果绩效。结合研究目的，出于测量的方便性和数据的可得性考虑，本书将绩效定义为一段时间内企业的产出和成果，强调从经营结果来界定企业绩效。

企业绩效权衡因素相对较多，一般是从财务业绩和市场价值两个角度予以量化。其中市场价值包括托宾Q值及每股收益，财务绩效方面常用的指标包括总资产收益率（ROA）和净资产收益率（ROE）等。基于市场价值对企业绩效进行测量需要一些公允的市场利率指标，是国外学者通常采用的核算方法。而当前企业绩效最客观的呈现方式就是财务绩效数据，不管是真实性还是精确性上都更具有优势，所以国内研究人员关于企业经营绩效的评价更青睐以财务数据为依据。对比发达的西方国家来讲，国内股票市场体系完善性较弱，存在着巨大的发展空间，股票价值并不能够很好地反映公司的实际价值。因此，国外学者流行的市场价值评估法不适合我国的国情，在以国内家族企业为样本的研究中相对市场价值指标来讲，选择财务指标的优势更为显著等。[1]因此，本书主要采用财务指标中的总资产收益率（ROA）和净资产收益率（ROE）作为家族企业绩效的测量指标。

总资产收益率（ROA）：在绩效指标中，总资产收益率(ROA)是最常用变量之一，该指标能够更为直观地体现出企业的发展性及盈利性。[2]并且资本结构及税收的变化并不会对其产生干扰，也难以被企业经营者人为操控，相对比较真实、客观，因此本书采用ROA来衡量公司业绩。总资产收益率是企业净利润（Net Profit）与总资产（Total Assets）的比值。净利润由营业

---

[1] 张翼，刘巍，龚六堂. 中国上市公司多元化与公司业绩的实证研究[J]. 金融研究，2005(9)：122–136.

[2] Inoue C.F.K.V. Lazzarini S.G. Musacchio A. Leviatan as a minority shareshoulde: firm-level implications of state equity purchases [J]. *Academy of Management Journal*, 2013, 56(6): 1775–1801.

利润和非正常损益构成。那么，可通过这一指标来衡量企业经营业绩的整体变化。

净资产收益率(ROE)：企业资本收益性还可通过净资产收益率（ROE）来予以评价，其在杜邦评价体系中也占据重要的位置，是全球主流评价方式。但是由于容易被人为操纵，所以其真实性和客观性往往遭到质疑。因此，本书只采用ROE作为稳健性检验中家族企业绩效的测量指标。

在回归模型中，本书还对相应的变量进行了控制，主要的控制变量有：

企业规模：家族企业规模直接体现出企业资源的累积及获取能力，或许其会对企业业绩造成影响。企业规模越大代表着企业的资源越多，能力更强，在技术研发上的资源支持力度更强，风险应对能力也相对较高，进而推动企业更好地发展。本书在企业规模的评价过程中是以企业员工数量作为代理变量的。

企业年龄：普遍而言，企业年龄越大，其成熟性越强，业务稳定性更好，企业风险抵御能力也更强。企业年龄越长，其在企业生命周期自发展直至衰退的整个过程中的绩效变动可能性更强。企业发展过程中或许会因自我选择差异而对价值产生干扰，因自我选择差异，战略决策也不尽相同。[1]本书中，企业年龄用企业成立年份至2016年之间间隔的自然年份来衡量。

股权集中度：企业的股权集中度，通常是指大股东的持股比率，主要测量方法包括最大股东的持股比例、前5大股东的持股比例、前10大股东的持股比例以及公司股东总人数等。在家族企业中，持股比例靠前的大多为家族股东，因此本书采用家族持股比例这一指标来衡量家族企业的股权集中度。所谓家族持股比例指的是在企业所有股权中家族管理主体或整个

---

[1] 贺小刚,李婧,陈蕾.家族成员组合与公司绩效：基于家族上市公司的实证研究[J].南开管理评论,2010,13(6):149–160.

家族所占据的份额，其能够直接评价家族的控制权程度，所有权控制同家族企业业绩间存在着十分紧密的联系，所有权集中性越强，价值创造力就越大。①

高管薪酬：全球研究人员所关注的重点集中在以 CEO 为代表的企业管理层薪酬同企业业绩间的关联。普遍而言，企业控制权主体更偏好于通过激励薪酬同高管缔结约定，也就是将高管薪酬同企业绩效建立起直接关系，从某种角度来讲其认可了高管薪酬同企业绩效间的正向关联。因此，本书将控制变量确定为高管薪酬排名中的前三位高管薪酬，然而其衡量的重心仅为货币薪酬，至于以股权为代表的非货币薪酬形式则未涉及。

董事会规模：借鉴大多数研究的做法，本书以董事会人数这一指标来衡量家族企业的董事会规模。董事会规模的大小在一定程度上会影响企业的经营绩效，因此，本书将其作为控制变量加入到研究模型中。

企业 β 值：企业 β 值是一种风险指数，用来衡量个别企业的股票或股票基金相对于整个股市的价格波动情况。β 值越高，就代表着同评价基准对比而言，企业股票的变化性越强，反之道理是相同的。β 为 1 时，代表着企业股票风险、收益同大盘指数的风险、收益是持平的；而 β 大于 1 时，则代表着相对大盘指数的风险、收益而言，股票面临的风险、收益要更高。

为了避免地域差异和行业差异对研究结果的影响，本书将省份和行业作为控制变量放入研究模型。另外，由于本书采用的数据为面板数据，不同时间点所呈现出的趋势性也可能对研究结果产生干扰，因此将年份也作为控制变量加入研究模型。其中，行业划分依据为证监会颁布的《上市公司行业分类指引（2012 年修订版）》，设置成行业虚拟变量放入回归方程；

---

① 梁强,刘嘉琦,周等.家族二代涉入如何提升企业价值——基于中国上市家族企业的经验研究 [J]. 南方经济, 2013, V31(12): 51–62.

地区划分按照样本企业的数量多少进行排序，设置成若干省份虚拟变量放入回归方程；年度划分根据样本数据来源的具体年份设置成年份虚拟变量放入回归方程。

根据上文对相关变量的界定及测量描述，有关家族管理和职业化经营的变量汇总及符号说明见表6-3。

表6-3 家族管理和职业化经营变量符号及变量说明汇总

变量名称	变量符号	变量说明
自变量		
CEO类型	FCEO	家族CEO
	SFCEO	家族继任CEO
因变量		
企业绩效	ROA	总资产收益率
	ROE	净资产收益率
中介变量		
多元化	HHI	1与单个行业中的营业收入占比平方的差值
国际化	International	海外收入与企业总收入的比值
财务杠杆	Leverage	总负债与总资产的比值
控制变量		
企业年龄	Age	企业成立年份至2016年之间间隔的自然年份
企业规模	Size	企业员工数量
高管薪酬	Rew3Exe	前三名高管薪酬
董事会规模	DirNum	董事会人数
股权集中度	OwnCon	家族持股比例
企业β值	Beta	风险指数，衡量个别企业的股票相对于整个股市的价格波动情况
省份	Province	样本企业所在省份
行业	Industry	样本企业所在行业
年份	Year	样本数据的来源年份

资料来源：作者自行整理。

6.4 家族管理和职业化经营研究假设

委托代理理论认为,职业化经营会造成企业的所有权和经营权的分离,非家族 CEO 会优先追求自身利益而损害公司或股东利益,缺乏追求利润最大化的战略动机。[①]虽然相比于其他类型的公司,家族企业对非家族 CEO 的监管力度会更强,但始终无法避免家族股东与职业经理人之间的矛盾。而家族成员出任 CEO 的家族企业,所有权与经营权并未分离,所有者与管理者之间的冲突会得到缓解。家族成员出任企业 CEO 进而直接或间接参与到企业常规的经营管理过程中,负责战略决策的制定,稳固了家族在企业控制权上的主体地位,能够使家族企业所有者和管理者利益基本趋同[②],也解决了现代家族企业治理结构中的第一类委托代理问题。一方面,家族股东和家族 CEO 之间利益目标一致,而且相对于非家族 CEO,家族成员对于家族 CEO 的信任程度更高,会给予更多的支持。另一方面,家族股东与家族 CEO 间缔结的非正式约定为信息的对称性提供了保障,缓解了代理的经济负担,进而推动了运营效用及决策的优化。作为代理人,家族成员的特性很好地规避了"道德风险"及"逆向选择",同时监督及激励的经济负担也得以缓解。因此,在家族管理下的家族 CEO 会尽可能追求家族企业的利润

---

① Amihud Y. Lev B. Risk reduction as a managerial motive for conglomerate mergers [J]. *Bell Journal of Economics*, 1981, 12(2): 605–617.

② Gedajlovic E.R. Shapiro D.M. Management and ownership effects: evidence from five countries [J]. *Strategic Management Journal*, 1998, 19(6): 533–553.

最大化，避免了所有者和管理者之间的代理成本。[1] 从这一角度而言，家族 CEO 可以提升企业绩效。

委托代理理论从职业化经营的劣势切入认为家族 CEO 对企业绩效有着正向影响，而西蒙（Simon）和希特（Hitt）等人直接从家族管理的优势切入，提出家族 CEO 本身在管理和资源上的优势对企业绩效有积极影响。[2] 相对于非家族 CEO，家族 CEO 对于企业管理战略的认同感更为强烈，且能够同企业战略统一步调，为企业创造更大的价值。[3] 在西蒙和希特的基础上，卡佩斯（Kappes）和施密德（Schmid）研究发现家族企业及其股东都会受益于家族 CEO 的忠诚度和长远的决策格局。[4] 一般情况下，家族 CEO 的上进性及企业家精神更为突出，接受了来自于投资者的资金扶持后，会有着为其创造更大价值的内驱力，因此更有利于公司业绩的改善。[5] 还有学者发现家族管理可以在各种社会资本上建立和保持独特的优势。[6] 从利他主义理论和管家理论的角度来说，家族 CEO 管理企业，能够将个人利益、企业利益及家族利益紧紧联系在一起，家族中更易营造一种和谐的氛围，推动合作及沟通的逐步强化。在利他主义的促进下，企业管理宽松度更强，有效规

---

[1] Mcconaughy D.L. Walker M.C. Henderson G.V. et al. Founding family controlled firms: Efficiency and value [J]. *Review of Financial Economics*, 1998, 7(1): 1–19.

[2] Sirmon D.G. Hitt M.A. Managing resources: linking unique resources, management, and wealth creation in family firms [J]. *Entrepreneurship Theory and Practice*, 2003, 27(4): 339–358.

[3] Bouillon M.L. Ferrier G.D. Stuebs M.T. et al. The economic benefit of goal congruence and implications for management control systems [J]. *Journal of Accounting & Public Policy*, 2006, 25(3): 265–298.

[4] Kappes I. Schmid T. The effect of family governance on corporate time horizons [J]. *Corporate Governance: An International Review*, 2013, 21(6): 547–566.

[5] Miller D. Breton-Miller I L, Lester R H. Family and lone founder ownership and strategic behaviour: Social context, identity, and institutional logics [J]. *Journal of Management Studies*, 2011, 48(1): 1–25.

[6] Arregle J.L. Hitt M.A. Sirmon D.G. et al. The development of organizational social capital: Attributes of family firms [J]. *Journal of Management Studies*, 2007, 44(1): 73–95.

避矛盾，进而为企业创造更大的价值。[1]当家族 CEO 承担起企业大管家的职责时，组织至上和集体主义的情感更为突出，能妥善协调经营管理者、控制家族及关联利益主体三者的利益关系，推动协作效率的强化，使之共同为家族企业的发展贡献力量。

当前诸多实证研究均体现出家族 CEO 经营管理权在家族企业绩效最大化目标的实现过程中发挥着积极的作用。安德森、里德（Reed）通过实证研究了解到，在家族企业中，由职业经理人任职 CEO 的绩效相比于家族成员出任 CEO 的绩效来说稍显逊色。[2]莫里（Maury）则通过实证研究提出家族成员切实参与到企业治理过程中能够实现代理经济负担的缓解，同时协调好家族同经理人两者间的代理关系。[3]米勒等人更是总结性地提出，家族 CEO 形成了家族企业特有的资源竞争优势，难以被竞争者所模仿，更有利于企业绩效。[4]我国学者贺小刚和连燕玲提出，当家族成员强化其管理权威时，有助于提高家族上市公司的市场绩效。[5]涂玉龙基于广东家族企业的研究结果证明了家族 CEO 管理参与度和家族企业绩效呈正相关关系。[6]梁强等认为，家族 CEO 的管理权涉入起到正向调节作用，强化了家族企业持续

---

[1] Chrisman J.J. Chua J.H. Kellermanns F.W. et al. Are family managers agents or stewards？ An exploratory study in privately held family firms [J]. *Journal of Business Research*, 2007, 60(10): 1030–1038.

[2] Anderson R.C. Reeb D.M. Founding-family ownership and firm performance: Evidence from the S&P 500 [J]. *The Journal of Finance*, 2003, 58(3): 1301–1327.

[3] Maury B. Family ownership and firm performance: Empirical evidence from Western European corporations [J]. *Journal of Corporate Finance*, 2006, 12(2): 321–341.

[4] Miller D. Breton-Miller I.L. Family governance and firm performance: Agency, stewardship, and capabilities [J]. *Family Business Review*, 2006, 19(1): 73–87.

[5] 贺小刚，连燕玲．家族权威与企业价值：基于家族上市公司的实证研究 [J]. 经济研究，2009(4): 90–102.

[6] 涂玉龙．家族影响创新与企业绩效基于广东省家族企业的实证研究 [J]. 企业经济，2012 (7): 37–41.

经营的长期战略导向，使家族管理与企业绩效呈正相关关系。[1]据此，本书提出：

（H1：家族CEO所在的家族企业绩效水平要高于非家族CEO所在的家族企业。）

很多学者基于第二类委托代理问题，即大股东与小股东之间的矛盾，提出家族CEO的问题所在。[2]在外部监督缺位的现实环境下，CEO岗位由家族成员承担为利益由企业向家族的转移提供了便利条件。同职业经理人对比而言，家族CEO对中小股东负责的意识相对淡漠，他们认为，家族企业发展的根本就是为家族创造出更大的价值，实现更好的发展。因此，拥有控制权的家族CEO在进行相关决策时会损害小股东的利益。从这一角度而言，家族管理是确保企业处于家族掌控内的有效工具，这种机制方便了控制家族利用多种手段如金字塔结构和隧道挖掘来侵害其他小股东的权益。[3]此类代理问题会给家族企业造成低效的资源配置和过高的资本成本，降低企业的绩效。

从利他主义理论而言，家族企业中利他主义情况的普遍发生虽然能够有效缓解企业代理的经济负担，但是同时也会为企业带来其他代理问题，主要包括自我代理、搭便车、成员机会主义行为等，这些均会反向作用于企业业绩。[4]家族管理中，父母对继承者的利他主义倾向会在管理实践中偏向于家族成员，而排斥更优秀的职业经理人，这种对家族CEO的偏好往往

---

[1] 梁强,刘嘉琦,周莉等.家族二代涉入如何提升企业价值——基于中国上市家族企业的经验研究[J]. 南方经济, 2013,V31(12): 51-62.

[2] Young M.N. Peng M W, Ahlstrom D, et al. Corporate governance in emerging economies: A review of the Principal‐Principal perspective [J]. *Journal of Management Studies*, 2008, 45(1): 196–220.

[3] Morck R. Yeung B. Agency problems in large family business groups [J]. *Entrepreneurship Theory and Practice*, 2003, 27(4): 367–382.

[4] Schulze W.S. Lubatkin M.H. Dino R.N. et al. Agency relationship in family firms: *Theory and evidence* [J]. *Organization Science*, 2001, 12(2): 99–116.

会"挤出"有能力的外部经理人，导致管理决策的失误[1]。因此，很长一段时间里，业界及学术领域关于家族CEO的能力始终难以达成共识。诸多研究证明家族CEO的选拔范畴相对较小，其管理水平很难等同于从劳动力市场中脱颖而出的职业经理人[2]。并且在利他主义的影响下，家族CEO的内驱力相对缺乏，因此家族CEO在企业业绩优化方面几乎不会借助变革手段予以实现。

基于社会情感价值理论，家族企业就是家族同企业的有机结合，不仅同其他组织类型一样有最大化收益的需求，同时还存在一个最大的特征，即为家族社会情感价值提供保障。家族CEO决策时，在最大化的家族利益同企业利益两者间，其更倾向于前者，包括推动家族成员成长、促进家族和谐、提升家族声誉、维护家族控制等。很多时候，家族CEO会由于非经济的动机偏好而做出损害自身以及其他相关者利益的决策[3]。因此，有学者提出家族CEO会过分强调对控制权的巩固[4]和对家族社会情感财富的保护而损害企业绩效，甚至危害企业的存续能力[5]。

不同于有关家族CEO劣势的研究，钱德勒及其拥护者从非家族CEO的优势入手，强调职业化经营对企业绩效的积极影响[6]。钱德勒认为非家族

---

[1] Bertrand M. Johnson S. Samphantharak K. et al. Mixing family with business: A study of Thai business groups and the families behind them [J]. *Journal of Financial Economics*, 2008, 88(3): 466–498.

[2] Burkart M. Panunzi F, Shleifer A. Family firms [J]. The Journal of Finance, 2003, 58(5): 2167–2202.

[3] Jensen M.C. Self–interest, altruism, incentives, and agency theory [J]. *Journal of Applied Corporate Finance*, 1994, 7(2): 40–45.

[4] Gomez–Mejia L.R, Makri M. The determinants of executive compensation in family–controlled public corporations [J]. *Academy of Management Journal*, 2003, 46(2): 226–237.

[5] Gómez–Mejia L.R. Moyano–Fuentes J. Socioemotional wealth and business risks in family–controlled firms: Evidence from Spanish olive oil mills [J]. *Administrative Science Quarterly*, 2007, 52(1): 106–137.

[6] Chandler A.D. *The visible hand: The managerial revolution in American business* [M]. Cambridge, MA: The Belknap Press of Harvard University Press, 1977: 455–464.

CEO能够在复杂的组织系统里帮助企业获取规模经济和范围经济效益。[1]家族CEO的选拔无可避免会涉及家族偏好和偏见[2]，而职业经理人受过高等教育和专业化的培训，在竞争激烈的管理劳动市场上成长起来[3]，因而更能胜任对企业的有效管理，提升家族企业的管理效率[4]。与家族CEO相比，由于组织现状对非家族CEO的捆绑性相对较弱，因此其在改革措施的实施上更为踊跃，进而带动企业发展，为企业创造更大的业绩。因此，本书提出：

H2：家族CEO所在的家族企业绩效水平要低于非家族CEO所在的家族企业。

诸多实证研究均证实，家族管理会限制家族企业的多元化。科迈斯-麦吉阿等人基于行为代理模型和社会情感价值理论提出家族管理对企业多元化战略的影响。基于社会情感价值理论，家族CEO会优先考虑保留家族财富，这就意味着家族管理者会更少采用多元化战略。因为多元化战略需要家族倾注更多的财务和人力资本，进而对家族管理造成干预，最终影响到家族的社会情感价值。[5]基于社会情感价值的维护理念，家族管理者会受到风险厌恶情绪的驱动，愿意牺牲企业绩效来确保家族控制力。[6]首先，由于家族企业包含了家族大部分情感及财务投入，家族的经济财富及社会情感财富与企业紧密相联，因此，在面临战略决策的制定时，特别是在资源

---

[1] Strauss G. Shuen A. Chandler A.D. Scale and scope: The dynamics of industrial capitalism [J]. *Administrative Science Quarterly*, 1991, 36(3): 497.

[2] Chandler A.D. Amatori F. Hikino T. *Big business and the wealth of nations* [M]. Cambridge: Cambridge University Press, 1997: 24–57.

[3] Fama E.F. Agency problems and the theory of firm [J]. *Journal of Political Economy*, 1980, 88(2): 288–307.

[4] Colli A. *The history of family business*, 1850–2000 [M]. Cambridge University Press, 2003: 58–65.

[5] Gomez-Mejia L.R. Makri M, Kintana M.L. Diversification decisions in family-controlled firms [J]. *Journal of Management Studies*, 2010, 47(2): 223–252.

[6] Gómez-Mejía L.R. Moyano-Fuentes J. Socioemotional wealth and business risks in family-controlled firms: Evidence from Spanish olive oil mills [J]. *Administrative Science Quarterly*, 2007, 52(1): 106–137.

配置方面，家族CEO的谨慎性会随之提升[①]，唯恐决策失当会对当前企业已拥有的财富价值造成侵害，甚至会损害到家族成员的社会情感财富。因此对于多元化这种会给企业未来经营带来不确定性的项目，家族CEO多采用回避态度。[②] 其次，多远战略的贯彻虽然能够帮助家族更好地规避单一业务的危机，然而多元化战略执行难度相对较大，一般会牵涉到一些新型的方式及流程，甚至还会同家族企业经营理念相背，这些均会对家族成员内心关于企业的定位产生干扰，导致家族成员萌生对企业的质疑。再次，多元化投资在经济上的客观要求，或许需要企业通过融资或新股发售来募集资金，进而让更多外部关联利益主体参与进来，导致企业决策过多地受到外界关联利益主体的干预或影响，削弱家族在企业中的权威和影响力，甚至损害家族社会情感价值。

不同于科迈斯-麦吉阿等人，安德森和里布认为家族CEO更少采用多元化战略是由于他们认为多元化战略会给企业带来负面影响，而非出于对家族社会情感价值的保护。家族管理者通常认为有关并购和建立新业务的知识并不能形成企业的竞争优势。[③] 这一观点和管理理论中有关家族企业的观点一致，都认为家族企业高层管理者的忠诚和能力对于企业而言是相对的优势。[④] 由此，科迈斯-麦吉阿等人认为家族管理者更少采用多元化战略是出于非经济的考虑，因此对企业绩效存在负面影响。安德森和里布恰恰相反，他们认为家族管理者更少采用多元化战略是出于对企业绩效的保障。

---

① Bianco M. Bontempi M.E. Golinelli R. et al. Family firms' investments, uncertainty and opacity[J]. *Small Business Economics*, 2013, 40(4): 1035–1058.

② Liang X. Wang L. Cui Z. Chinese private firms and internationalization: Effects of family involvement in management and family ownership [J]. *Family Business Review*, 2013, 27(2): 126–141.

③ Anderson R.C. Reeb D.M. Founding-family ownership, corporate diversification, and firm leverage [J]. *Journal of Law & Economics*, 2003, 46(2): 653–683.

④ Sirmon D.G. Hitt M.A. Managing resources: Linking unique resource management and wealth creation in family firms [J]. *Entrepreneurship Theory and Practice*, 2003, 27(4): 339–358.

第6章 家族管理和职业化经营实证研究

科迈斯-麦吉阿等人将更低的多元化水平视为劣势，会损害家族企业绩效，而安德森等人则认为较低的多元化水平是家族企业的独特优势，有利于企业绩效的提升。然而，这两种观点也仅仅是学者们的推断，并没有直接的实证支持。所以，较低的多元化水平对于家族企业绩效而言到底是优势还是劣势还有待进一步验证。

诸多研究者通过研究证实多元化经营能够推动企业绩效的提升，也就是说多元化战略的执行能够正向作用于企业绩效，即产生"多元化溢价"。比如，康纳（Khanna）等认为，受新兴市场制度环境的影响，多元化经营必将能够为新形势下的企业创造更大的利益，所以在多元化的推动下，诸多交易能够实现内部性转变，实现了市场制度问题的妥善处理，推动企业价值的更大化。[1]迈耶通过发达国家的市场数据分析得出一个结论：多元化经营能够推动企业绩效的提升。[2]苏冬蔚通过研究了解到国内上市企业多元性溢价的情况相对突出，并且上市企业的价值越大，多元化能力就越强。[3]姜付秀等人认为多元化可以降低上市公司收益率的波动，提高公司的价值。[4]然而，针对这个问题，也有的学者发现多元化经营与企业绩效负相关，会带来"多元化折价"。例如蒙哥马利（Montgomery）和沃纳菲尔特（Wernerfelt）研究发现，尽管小于行业因素，但企业多元化程度对企业价值有负向的影响。[5]兰（Lang）和斯塔尔兹（Stulz）也发现进行多元化经营的企

---

[1] Khanna T. Palepu K. Why focused strategies may be wrong for emerging markets [J]. *Harvard Business Review*, 1997, 75(4): 41–48.

[2] Mayer M. Whittington R. Diversification in context: a cross-national and cross-temporal extension [J]. *Strategic Management Journal*, 2003, 24(8): 773–781.

[3] 苏冬蔚.多元化经营与企业价值：我国上市公司多元化溢价的实证分析[J].经济学(季刊), 2005, 4(S1): 139–162.

[4] 姜付秀, 陆正飞.多元化与资本成本的关系——来自中国股票市场的证据[J].会计研究, 2006(6): 48–55.

[5] Montgomery C.A. Wernerfelt B. Diversification, ricardian rents, and Tobin's Q [J]. *General Information*, 1988, 19(19):623–632.

业存在折价的现象，多元化水平每降低 0.1，公司股票的收益提升 4.3%，这就体现出多元化经营对企业价值产生了消极影响。[1] 张纯等学者以委托代理为切入点，通过定性分析指出多元化经营同企业绩效间存在着反向关联。[2] 据此，本书提出：

H3：家族企业多元化战略对 CEO 类型和企业绩效的影响关系发挥中介作用。

H3a：相较于非家族 CEO 企业，家族 CEO 所在的家族企业对多元化战略的偏好更低，这种偏好对企业绩效存在负向影响。

H3b：相较于非家族 CEO 企业，家族 CEO 所在的家族企业对多元化战略的偏好更低，这种偏好对企业绩效存在正向影响。

国际化战略对于企业而言是非常重要的战略选择。[3] 很多研究都赞同国际化战略对企业绩效有着积极影响。[4] 国际化战略可以帮助企业更容易地进入国外的要素市场，通过当地化的生产避免关税费用，并且让企业通过更广泛的产品市场磨砺自身的技能和能力。[5] 然而，对于家族 CEO 对国际化战略的态度，研究者们产生了分歧。[6] 科迈斯－麦吉阿等人认为，和对待多元化战略的态度一样，家族管理者偏好更低的国际化水平是为了保护家族控

---

[1] Lang L.H.P. Stulz R.M. Tobin's Q, diversification, and firm performance [J]. *Journal of Political Economy*, 1994, 102(6): 1248-1280.

[2] 张纯, 高吟. 多元化经营与企业经营业绩——基于代理问题的分析[J]. 会计研究, 2010(9): 73-77.

[3] Sirmon D.G. Arregle J.L. Hitt M.A. et al. The role of family influence in firms' strategic responses to threat of imitation [J]. *Entrepreneurship Theory and Practice*, 2008, 32(6): 979-998.

[4] Hitt M.A. Kim H. International diversification: Effects on innovation and firm performance in product-diversified firms [J]. *Academy of Management Journal*, 1997, 40(4): 767-798.

[5] Sanders W.G. Carpenter M.A. Internationalization and firm governance: The roles of CEO compensation, top team composition, and board structure [J]. *Academy of Management Journal*, 1998, 41(2): 158-178.

[6] Pukall T.J. Calabrò A. The internationalization of family firms: A critical review and integrative model [J]. *Family Business Review*, 2014, 27(2): 103-125.

第6章 家族管理和职业化经营实证研究

制力和社会情感财富。家族CEO一般局限于小部分家族骨干,与职业经理人相比,他们往往缺乏国际市场的详细知识,因此不太愿意实施复杂的国际化经营活动。[1]从企业的角度来讲,国际化体现出制度、市场形式、客户需求及未知市场领域的变化,一般来讲家族CEO关于此类知识的掌握也是相对薄弱的,这就代表着家族企业一般需要借助诸多非家族因素来支持国际化发展,包括域外股东、制度及资源等,但家族CEO唯恐伴随国际化的发展会导致家族控制权的弱化,所以对国际化发展大加干扰。相反,各类文化环境中,非家族CEO的谈判经验以及国际市场理论是推动国际化经营的重要支撑。所以,对于企业的国际化发展,非家族CEO通常是持赞同态度的。其他学者也提出家族管理者更少采用国际化战略是为了避免地域分散经营的高成本和复杂性。[2]受限于有限的资源,家族CEO在企业经营上的保守性较强,经营权同股权的界限相对模糊,并存在多种关系冲突,这些弊端使得家族企业在国际化经营中处于劣势,从而造成家族管理阻碍企业国际化的因素。

相反,扎赫拉提出了家族CEO对企业国际化战略有着正向影响。[3]扎赫拉认为家族CEO追求国际化战略来扩大公司的市场基础,创造企业的成长冲量和机会。在这一过程中,家族管理者充当了企业足智多谋的军师,为家族企业在国际化扩张中寻求长远利益。因家族CEO与企业创始人间的紧密关联,关于企业定位的确定、战略规划建设等任务,他们能够达成共识,这就保证了家族CEO能够对企业当前的经营问题建立起全面的了解,并通

---

[1] Gedajlovic E. Lubatkin M.H. Schulze W.S. Crossing the threshold from founder management to professional management: A governance perspective [J]. *Journal of Management Studies*, 2004, 41(5): 899–912.

[2] Fernández Z. Nieto M.J. Internationalization strategy of small and medium-sized family businesses: Some influential factors [J]. *Family Business Review*, 2005, 18(1): 77–89.

[3] Zahra S.A. International expansion of U.S. manufacturing family businesses: The effect of ownership and involvement [J]. *Journal of Business Venturing*, 2003, 18(4): 495–512.

过国际化妥善解决这一问题。受利他主义的影响，家族经理人偏好于以国际化为手段推动企业组织架构稳定性地提升，建构合法性企业，在国际化经营的支持下使家族成员享受到更为优质的工作环境，进而成长为家族企业的接班人，传承创业精神。另有学者也提出，家族管理下的家族 CEO 会为企业在国际市场上带来独特的声誉资产和社会资本优势。[1] 一旦家族企业在国际化市场中树立了良好的声誉，与国外市场建立很好的企业联结，将会进一步推动企业的国际化战略，降低国际化扩张的进入门槛。

由此可见，现有研究认同家族企业国际化战略对企业绩效的积极影响，但在家族管理对企业国际化战略的影响上产生了分歧。科迈斯－麦吉阿等人认为，家族 CEO 会放弃开展国际化业务的机会，因为他们担心国际化扩张会损害家族对企业的控制力。相反地，扎郝拉等人认为，与非家族 CEO 相比，家族 CEO 更愿意采取国际化战略，因为国际化扩张可以为公司带来更好的声誉资产和社会资本，并为家族企业带来长远的潜力。[2] 据此，本书提出：

H4：家族企业国际化战略对 CEO 类型和企业绩效的影响关系发挥中介作用。

H4a：相较于非家族 CEO 企业，家族 CEO 所在的家族企业对国际化战略的偏好更低，这种偏好对企业绩效存在负向影响。

H4b：相较于非家族 CEO 企业，家族 CEO 所在的家族企业对国际化战略的偏好更高，这种偏好对企业绩效存在正向影响。

在现有研究中，财务杠杆如资本结构和股息政策等被视为是缓解委托

---

[1] Arregle J.L. Hitt M.A. Sirmon D.G. et al. The development of organizational social capital: Attributes of family firms [J]. *Journal of Management Studies*, 2007, 44(1): 73-95.

[2] Carr C. Bateman S. International strategy configurations of the world's top family firms [J]. *Management International Review*, 2009, 49(6): 733-758.

代理矛盾的重要手段。[①] 有关家族企业财务杠杆的实证研究一致认为，与职业经理人相比，家族 CEO 所经营的企业倾向于低负债率，对财务杠杆的使用率偏低。但是，较低的财务杠杆对于家族企业而言究竟是优势还是劣势尚待考证。

米什拉（Mishra）等人的理论研究提出家族 CEO 回避高负债率的主要原因是为了维护家族控制力。该观点认为，企业债权人的优先受偿地位限制了家族特权，加剧了家族失去控制权的风险。[②] 科迈斯 - 麦吉阿等人也从社会情感价值理论出发，提出负债会加剧家族企业破产的风险，损害家族的社会情感财富。基于以上观点，家族 CEO 所在企业低负债率的偏好是出于非经济的动机，会导致家族企业放弃投资一些有风险但高回报的项目。[③] 正如米什拉等人所提出的，"低负债率偏好会让家族企业失去很多高成长的机会"。因此，相比那些合理运用财务杠杆比率的企业，家族 CEO 所在企业的低负债率对企业绩效存在负面影响。

其他研究者认为偏好低负债率的家族 CEO 在财务杠杆的使用上更加有效，因为他们是基于企业长远利润做出的决策。[④] 有研究表明，高负债率会损害企业的长期绩效，因为高财务杠杆的使用，更多是为了实现企业的短期绩效，而这会影响企业长期绩效的最大化。[⑤] 因此，聚焦到长远角度，家

[①] Pindado J. Requejo I. Torre C.D.L. Do family firms use dividend policy as a governance mechanism？ Evidence from the Euro zone [J]. *Corporate Governance: An International Review*, 2012, 20(5): 413–431.

[②] Mishra C.S. Mcconaughy D.L. Founding family control and capital structure: The risk of loss of control and the aversion to debt [J]. *Entrepreneurship Theory & Practice*, 1999, 23(4): 53–64.

[③] Williamson O.E. Strategy research: Governance and competence perspectives [J]. *Strategic management Journal*, 1999, 20(20): 1087–1108.

[④] Anderson R.C. Reeb D.M. Founding–family ownership, corporate diversification, and firm leverage [J]. *The Journal of Law & Economics*, 2003, 46(2): 653–683.

[⑤] Smith C.W. Warner J.B. On financial contracting: An analysis of bond covenants [J]. *Journal of Financial Economics*, 1979, 7(2): 117–161.

族 CEO 在财务杠杆上低负债率的偏好可以视作一种相对优势，对家族企业的绩效存在积极影响[1]。据此，本书提出：

H5：家族企业的财务杠杆对 CEO 类型和企业绩效的影响关系发挥中介作用。

H5a：相较于非家族 CEO 企业，家族 CEO 所在的家族企业使用财务杠杆的偏好更低，这种偏好对企业绩效存在负向影响。

H5b：相较于非家族 CEO 企业，家族 CEO 所在的家族企业使用财务杠杆的偏好更低，这种偏好对企业绩效存在正向影响。

6.5 家族管理和职业化经营实证分析

考虑到数据的可得性，本书的研究样本为中国家族上市公司，主要通过国泰安 CSMAR 经济金融研究数据库、RESSET 金融研究数据库以及 Wind 数据库进行数据的收集和补充。其中，国泰安 CSMAR 经济金融研究数据库基于学术研究的客观需要，同以芝加哥大学 CRSP 为代表的国际先进数据库专业基准相结合，同时以我国基本国情为切入点，建成了我国第一个经济金融型数据中心。该数据中心涉及以股票为首的 13 个系列，包含 110 多个数据库、2000 多张表、上万个指标，有多达 2.5 万多篇采用 CSMAR 系列研究数据库的高质量学术论文在国内外一流刊物发表。RESSET 金融研究数据库则由众多国内外金融和数据库领域的资深专家，在多年研发储备和经验积累的基础上开发而成，为高校、政府及金融机构提供精准的经济、金

---

[1] Arregle J.L. Hitt M.A. Sirmon D.G. et al. The development of organizational social capital: Attributes of family firms [J]. *Journal of Management Studies*, 2007, 44(1): 73–95.

融数据。据不完全统计，每年有数千篇期刊杂志论文、硕博士论文会参考RESSET金融研究数据库，其中多篇为国际顶级期刊杂志。Wind数据库则是国内完整、准确的以金融证券数据为核心的一流的大型金融工程和财经数据仓库，数据内容涵盖股票、宏观经济、财经新闻等诸多领域。而且针对研究机构、学术机构等需求，Wind数据库开发了一系列围绕信息检索、数据提取与分析等领域的专业分析软件与应用工具。可以说，这三大数据库是国内教学和科研的主要数据库，权威性较高，三大数据库的互补结合，不仅同国际先进的数据库设计经验相结合，同时也吻合了我国的基本国情，历史数据完善、涵盖广泛，目前已有超过5000家学术机构、企业以及政府监管部门在使用。

由于主板中的家族企业往往带有一定的政府或国企历史背景，所以本书将筛选范围主要锁定在中小板和创业板的家族上市公司。中小企业板及创业板分别于2004年、2008年启动，使国内以家族企业为代表的发展中民营企业获得了资本市场融资的渠道，推动了家族企业的健康成长。所以，本书梳理了2004—2015年间的上市家族企业基本情况、财务绩效数据、业务数据以及公司管理结构数据。之所以截至2015年，是为了保证所选取家族上市公司能够经历至少一个完整的会计年度，确保单个企业样本在时效上的一致性。对于一些无法直接下载的数据，本书采用人工收集的方式，从上市公司的招股说明、企业年报、企业公告等资料中获取。详细的剔除和筛选步骤如下：第一，从三大数据库里选取2004年至2015年中小板和创业板上市公司的相关资料；第二，以本书关于家族企业的定义为依据，将不具备资格的上市企业予以剔除；第三，剔除保险家族企业、金融家族企业，其原因在于同其他企业相比，此类企业财务情况相对特殊；第四，剔除管理层信息、业务数据以及公司业绩等相关信息缺失严重的上市家族企业。经过以上的筛选，针对本章节家族管理和职业化经营的研究，本书共收录了

445家符合要求的家族企业、2093个观测值的有效面板数据。

6.5.1 家族管理和职业化经营描述性统计

为了提高数据分析的完整性和准确性，本书首先对各变量进行描述性统计。鉴于本书的数据为面板数据，描述性统计是基于观测值而非样本企业的统计结果（详见表6-4、表6-5）。

根据表6-4，依据证监会颁布的《上市公司行业分类指引（2012年修订版）》，在行业划分上，制造业的占比高达82.59%，说明样本家族企业大多还是以传统制造业为主。此外，信息传输、软件和信息技术服务业占比在所有行业中名列第二，说明在新的技术经济环境下，新兴行业中的家族企业也逐步兴起。在地区划分上，有超过60%的家族企业分布在广州、浙江、江苏、北京、上海5地，其余包括河南、山东等24个省、直辖市以及自治区占比仅有35.82%，说明样本家族企业主要集中在沿海和经济发达地区，在内陆和经济欠发达地区较为少见。在企业年龄分布上，可以看到，存活5年以下和25年以上的家族企业占比不到4%，有69.58%的家族企业有10年到25年的发展历史，这与我国改革开放之后开放私有制经济的特殊国情相符，也说明在我国的特殊国情下，家族企业的平均年龄较长。在企业规模方面，员工数量在500人以上的家族企业占比超过了80%，说明样本家族企业绝大多数规模较大。在高管薪酬方面，85%以上的家族企业高管薪酬在200万元以下，需要说明的是，本书采用的高管薪酬变量指的是企业前三名高管的薪酬总和，因此，说明大部分家族企业高管的人均薪酬不到100万元。在董事会规模上，样本家族企业的董事人数主要分布在6人到10人之间，5人以下（含5人）的董事会规模较少见，仅占1.91%。最后，在股权集中度方面，有1/3的样本企业股权集中度不到30%，近半数企业的股权集中度在30%至50%之间，仅有14.83%的样本企业在股权集中度上超过了 50%。

表6-4 家族管理和职业化经营控制变量描述性统计结果

变量及分类		频数	频率（%）
行业	房地产业与建筑业	67	3.20
	交通运输、仓储和邮政业	17	0.81
	科学研究和技术服务业	20	0.96
	农、林、牧、渔业	41	1.96
	批发和零售业	24	1.15
	水利、环境和公共设施管理业	6	0.29
	信息传输、软件和信息技术服务业	120	5.74
	文化、体育和娱乐业	25	1.20
	卫生和社会工作	8	0.38
	制造业	1727	82.59
	租赁和商务服务业	36	1.72
地区	广东省	514	24.58
	浙江省	437	20.90
	江苏省	210	10.04
	北京市	105	5.02
	上海市	76	3.63
	其他（24）	749	35.82
股权集中度	30%以下（含）	772	36.92
	30%至50%（含）	1009	48.25
	50%以上	310	14.83
企业年龄	5年（含）以下	41	1.96
	5年至10年（含）	564	26.97
	10年至15年（含）	886	42.37
	15年至20年（含）	446	21.33
	20年至25年（含）	123	5.88
	25年以上	31	1.48

续表

变量及分类		频数	频率（%）
企业规模	500人以下（含）	295	14.11
	500人至1000人（含）	597	28.55
	1000人至3000人（含）	793	37.92
	3000人至5000人（含）	237	11.33
	5000人以上	169	8.08
高管薪酬	100万元以下（含）	946	45.24
	100万元至200万元（含）	838	40.08
	200万元至300万元（含）	227	10.86
	300万元以上	80	3.83
董事会规模	5人以下（含）	40	1.91
	6人至8人	639	30.56
	9人至10人	796	38.07
	10人以上	616	29.46

资料来源：作者自行整理。

　　在对控制变量的频率分布进行统计分析的基础上，本书对各变量的统计特征值进行了汇总。根据表6-5，自变量CEO类型的均值为0.312，说明有31.2%的样本家族企业的CEO由家族成员担任。因变量企业绩效的均值为5.5%，极小值为-45.4%，说明相当一部分样本家族企业的绩效不太理想。中介变量多元化、国际化和财务杠杆的均值分别为19.7%、38.2%和28.4%，处于企业正常水平。另外，多元化、国际化的极小值均为0，财务杠杆的极小值为0.8%，而三个变量的极大值均在90%以上，说明在样本企业中，多元化、国际化水平以及对财务杠杆的使用存在很大的分化。有的家族企业业务单一，主要专注于国内市场，或者在融资渠道上很少借助债权资本；而有的家族企业多元化水平很高，主打国际市场，或者在融资上很大程度依赖债权资本的财务杠杆效应。

表6-5 家族管理和职业化经营各变量描述性统计结果

变量名称	均值	标准差	极大值	极小值	中位数	观测样本量
自变量						
CEO类型	0.312	0.463	1	0	0	2093
因变量						
企业绩效	0.055	0.056	0.321	−0.454	0.054	2093
中介变量						
多元化	0.197	0.218	0.991	0	0.138	2093
国际化	0.382	0.238	0.946	0	0.412	2093
财务杠杆	0.284	0.198	0.953	0.008	0.248	2093
控制变量						
企业年龄	0.651	0.149	0.994	0.212	0.655	2093
企业规模	0.480	0.277	1	0.138	0.369	2093
高管薪酬	0.568	0.158	1	0.281	0.537	2093
董事会规模	0.524	0.103	0.870	0.309	0.500	2093
股权集中度	0.356	0.132	0.815	0.083	0.343	2093

资料来源：作者自行整理。

6.5.2 家族管理和职业化经营相关分析

为了考察变量之间的基本关系，本书采用双侧检验的方法，运用stata14.0对各变量进行了相关分析（见表6-6）。变量的相关系数矩阵显示，解释变量和被解释变量之间都存在显著的相关性，需要通过进一步的回归分析来探究各变量之间的影响关系。其中：自变量CEO类型（$r=0.120$，$p<0.001$）与因变量企业绩效显著相关；中介变量多元化（$r=-0.168$，$p<0.001$）、国际化（$r=0.883$，$p<0.001$）、财务杠杆（$r=0.182$，$p<0.001$）与因变量企业绩效显著相关，国际化与企业绩效的相关系数高达0.883；自变量CEO类型与中介变量多元化（$r=-0.520$，$p<0.001$）、国际化（$r=0.050$， p<0.005）以及财务杠杆（r=-0.367，p<0.001）之间也显著相关。各解释变量与控制变量之间相关系数大都低于0.2或者不相关，其中CEO类型与企业年龄、企业规模、高管薪酬、董事会规模以及股权集中度的相关系数均在0.1以下；多元化与企业年龄、企业规模、董事会规模、高管薪酬以及股权集中度相关性不显著；国际化与企业年龄、董事会规模以及股权集中度相关性不显著，与高管薪酬的相关系数在0.2以下；财务杠杆与董事会规模、股权集中度相关性不显著，与企业年龄、高管薪酬的相关系数在0.2以下。由此，对各解释变量和控制变量进行自相关检验，其VIF值均小于2，研究模型基本可以排除多重共线性问题。

6.5.3 家族管理和职业化经营回归分析

在相关分析的基础上，本书进一步使用stata14.0进行回归分析来探究各变量之间的影响关系，对CEO类型影响家族企业战略及绩效的相关假设进行检验。

1. CEO类型对企业绩效的影响

首先，本书将控制变量放入回归方程，考察各个控制变量对因变量企业绩效的影响（见表6-7）。为了控制地域差异、行业差异以及时间趋势对回归结果的影响，本书将省份、行业以及年份同样作为控制变量放入回归方程。

第6章 家族管理和职业化经营实证研究

表6-6 家族管理和职业化经营相关关系分析结果

	企业绩效	CEO类型	多元化	国际化	财务杠杆	企业年龄	企业规模	高管薪酬	董事会规模
CEO类型	0.120***								
多元化	-0.168***	-0.520***							
国际化	0.883***	0.050**	-0.112***						
财务杠杆	0.182***	-0.367***	0.067***	0.147***					
企业年龄	0.032	-0.081***	0.026	0.023	0.145***				
企业规模	0.223***	-0.081***	-0.024	0.218***	0.334***	0.111***			
高管薪酬	0.147***	-0.067***	0.020	0.143***	0.053***	0.133***	0.281***		
董事会规模	-0.009	0.045**	0.008	0.004	-0.029	0.095***	0.116***	0.033	
股权集中度	0.055**	-0.043**	-0.015	0.026	0.053**	-0.055**	0.075***	0.062***	-0.065***

注："***""**""*"分别表示相关系数在1%、5%和10%的显著性水平下显著（皆为双侧检验）。

资料来源：作者自行整理。

131

表6-7 控制变量对绩效的回归结果

	因变量：企业绩效（ROA）
企业年龄（Age）	0.012 (0.009)
企业规模（size）	0.045*** (0.005)
高管薪酬（Rew3Exe）	0.032*** (0.009)
董事会规模（DirNum）	−0.027** (0.012)
股权集中度（OWNCON）	0.010 (0.010)
省份（Province）	是（Yes）
行业（Industry）	是（Yes）
年份（Year）	是（Yes）
观测样本量	2093
R^2	0.126

注：括号里为回归系数标准误。"***""**""*"分别表示相关系数在1%、5%和10%的显著性水平下显著（皆为双侧检验），以下各表均与此表类同。

资料来源：作者自行整理。

在控制变量之后，本书进一步将自变量CEO类型放入回归方程，来考察CEO类型对家族企业绩效的影响（见表6-8）。可以看到，加入自变量CEO类型之后，回归方程的R^2增加，表示回归方程对企业绩效的解释力度增强。自变量CEO类型的回归系数在1%的置信水平上显著为正（β=0.019，p<0.01），说明与非家族CEO相比，家族CEO所在的家族企业绩效水平较高，因此，H1得到验证而H2没有通过验证。

表6-8 CEO类型对企业绩效的回归结果

	因变量：企业绩效（ROA）	
企业年龄（Age）	0.012 (0.009)	0.014 (0.009)
企业规模（size）	0.045*** (0.005)	0.047*** (0.005)
高管薪酬（Rew3Exe）	0.032*** (0.009)	0.032*** (0.008)
董事会规模（DirNum）	−0.027** (0.012)	−0.032*** (0.012)
股权集中度（OWNCON）	0.010 (0.010)	0.013 (0.010)
省份（Province）	是（Yes）	是（Yes）
行业（Industry）	是（Yes）	是（Yes）
年份（Year）	是（Yes）	是（Yes）
CEO类型（FCEO）		0.019*** (0.003)
观测样本量	2093	2093
R^2	0.126	0.149

资料来源：作者自行整理。

2. 家族企业多元化的中介效应

在验证了CEO类型对企业绩效的影响之后，本书进一步考察多元化战略对该影响关系的中介效应。首先，将自变量CEO类型和中介变量多元化进行回归，考察自变量CEO类型对中介变量多元化的影响效果。接着，将中介变量多元化加入CEO类型对企业绩效的回归方程，查看回归系数以及显著性的变化，来判断中介效应是否成立（详见表6-9、表6-10）。

根据表6-9，自变量CEO类型对中介变量多元化的回归系数在1%的置信水平上显著为负（$\beta = -0.251$，$p<0.01$），说明CEO类型显著影响家族

企业的多元化战略，相比于非家族CEO，家族CEO所在的家族企业对多元化战略的偏好更低。

表6-9 CEO类型对家族企业多元化的回归结果

	因变量：多元化（HHI）	
企业年龄（Age）	0.071* （0.037）	0.041 （0.031）
企业规模（size）	−0.010 (0.019)	−0.044*** (0.016)
高管薪酬（Rew3Exe）	0.004 (0.034)	0.005 (0.029)
董事会规模（DirNum）	0.032 （0.047）	0.090** （0.040）
股权集中度（OWNCON）	−0.007 （0.038）	−0.046 （0.032）
省份（Province）	是（Yes）	是（Yes）
行业（Industry）	是（Yes）	是（Yes）
年份（Year）	是（Yes）	是（Yes）
CEO类型（FCEO）		−0.251*** (0.009)
观测样本量	2093	2093
R^2	0.079	0.341

资料来源：作者自行整理。

根据表6-10，在CEO类型对企业绩效的回归方程中加入中介变量多元化之后，回归方程的R^2有所提高，说明回归方程对因变量的解释力增强。且加入中介变量多元化之后，CEO类型的回归系数变小，由原来的0.019降低为0.011；而中介变量多元化的回归系数显著为负（$\beta = -0.032$，$p<0.01$），说明加入中介变量多元化之后，自变量CEO类型对企业绩效的影响有所下降，H3得到验证，即家族企业多元化战略对CEO类型和企业绩效的影响关系发挥部分中介作用。此外，由于家族CEO对企业多元化的偏好

更低，而多元化对企业绩效的回归系数为负，即多元化战略负向影响企业绩效，所以相较于非家族CEO企业，家族CEO所在的家族企业对多元化战略的低偏好正向影响企业绩效，H3b得到验证，H3a没有得到验证。

表6-10 多元化的中介效应

	因变量：企业绩效（ROA）		
企业年龄（Age）	0.012 (0.009)	0.014 (0.009)	0.016* (0.009)
企业规模（size）	0.045*** (0.005)	0.047*** (0.005)	0.046*** (0.005)
高管薪酬（Rew3Exe）	0.032*** (0.009)	0.032*** (0.008)	0.033*** (0.008)
董事会规模（DirNum）	−0.027** (0.012)	−0.032*** (0.012)	−0.029** (0.012)
股权集中度（OWNCON）	0.010 (0.010)	0.013 (0.010)	0.012 (0.010)
省份（Province）	是（Yes）	是（Yes）	是（Yes）
行业（Industry）	是（Yes）	是（Yes）	是（Yes）
年份（Year）	是（Yes）	是（Yes）	是（Yes）
CEO类型（FCEO）		0.019*** (0.003)	0.011*** (0.003)
多元化（HHI）			−0.032*** (0.006)
观测样本量	2093	2093	2093
R^2	0.126	0.149	0.160

资料来源：作者自行整理。

3. 家族企业国际化的中介效应

本书进一步考察国际化战略对CEO类型和企业绩效影响关系的中介效应。首先，将自变量CEO类型和中介变量国际化进行回归，考察自变量CEO类型对中介变量国际化的影响效果。接着，将中介变量国际化加入

CEO类型对企业绩效的回归方程,查看回归系数以及显著性的变化,来判断中介效应是否成立(详见表6-11、表6-12)。

根据表6-11,自变量CEO类型对中介变量国际化的回归系数在1%的置信水平上显著为正(β = 0.044,p<0.01),说明CEO类型显著影响家族企业的国际化战略,相比于非家族CEO,家族CEO所在的家族企业对国际化战略的偏好更高。

表6-11 CEO类型对家族企业国际化的回归结果

	因变量:国际化(International)	
企业年龄(Age)	0.051 (0.039)	0.056 (0.039)
企业规模(size)	0.186*** (0.020)	0.192*** (0.020)
高管薪酬(Rew3Exe)	0.135*** (0.036)	0.134*** (0.036)
董事会规模(DirNum)	−0.085* (0.050)	−0.096* (0.050)
股权集中度(OWNCON)	−0.013 (0.040)	−0.006 (0.040)
省份(Province)	是(Yes)	是(Yes)
行业(Industry)	是(Yes)	是(Yes)
年份(Year)	是(Yes)	是(Yes)
CEO类型(FCEO)		0.044*** (0.011)
观测样本量	2093	2093
R^2	0.136	0.142

资料来源:作者自行整理。

根据表6-12,在CEO类型对企业绩效的回归方程中加入中介变量国际化之后,回归方程的R^2有大幅提高,说明回归方程对因变量的解释力大大增强。且加入中介变量国际化之后,CEO类型的回归系数变小,由原来的 0.019 降低为 0.010；而中介变量国际化的回归系数显著为正（β=0.206，p<0.01），说明加入中介变量国际化之后，自变量 CEO 类型对企业绩效的影响有所下降，H4 得到验证，即家族企业国际化战略对 CEO 类型和企业绩效的影响关系发挥部分中介作用。此外，由于家族 CEO 对企业国际化的偏好更高，而国际化对企业绩效的回归系数为正，即国际化战略正向影响企业绩效，所以相较于非家族 CEO 企业，家族 CEO 所在的家族企业对多元化战略的高偏好正向影响企业绩效，H4b 得到验证，H4a 没有得到验证。

表6-12 国际化的中介效应

	因变量：企业绩效（ROA）		
企业年龄（Age）	0.012 (0.009)	0.014 (0.009)	0.003 (0.005)
企业规模（size）	0.045*** (0.005)	0.047*** (0.005)	0.008*** (0.002)
高管薪酬（Row3Exe）	0.032*** (0.009)	0.032*** (0.008)	0.005 (0.004)
董事会规模（DirNum）	−0.027** (0.012)	−0.032*** (0.012)	−0.012** (0.006)
股权集中度（OWNCON）	0.010 (0.010)	0.013 (0.010)	0.015*** (0.005)
省份（Province）	是（Yes）	是（Yes）	是（Yes）
行业（Industry）	是（Yes）	是（Yes）	是（Yes）
年份（Year）	是（Yes）	是（Yes）	是（Yes）
CEO类型（FCEO）		0.019*** (0.003)	0.010*** (0.001)
国际化（International）			0.206*** (0.003)
观测样本量	2093	2093	2091
R^2	0.126	0.149	0.795

资料来源：作者自行整理。

4.家族企业财务杠杆的中介效应

本书进一步考察财务杠杆对CEO类型和企业绩效影响关系的中介效应。首先,将自变量CEO类型和中介变量财务杠杆进行回归,考察自变量CEO类型对中介变量财务杠杆的影响效果。接着,将中介变量财务杠杆加入CEO类型对企业绩效的回归方程,查看回归系数以及显著性的变化,来判断中介效应是否成立(详见表6-13、表6-14)。

根据表6-13,自变量CEO类型对中介变量财务杠杆的回归系数在1%的置信水平上显著为负($\beta = -0.134$,$p<0.01$),说明CEO类型显著影响家族企业的财务杠杆,相比于非家族CEO,家族CEO所在的家族企业使用财务杠杆的偏好更高。

表6-13 CEO类型对家族企业财务杠杆的回归结果

	因变量:财务杠杆(Leverage)	
企业年龄(Age)	0.074** (0.031)	0.057* (0.029)
企业规模(size)	0.249*** (0.016)	0.231*** (0.015)
高管薪酬(Rew3Exe)	−0.058** (0.029)	−0.058** (0.027)
董事会规模(DirNum)	−0.150*** (0.040)	−0.119*** (0.037)
股权集中度(OWNCON)	0.029 (0.032)	0.008 (0.030)
省份(Province)	是(Yes)	是(Yes)
行业(Industry)	是(Yes)	是(Yes)
年份(Year)	是(Yes)	是(Yes)
CEO类型(FCEO)		−0.134*** (0.011)
观测样本量	2093	2093
R^2	0.202	0.294

资料来源:作者自行整理。

根据表6-14，在CEO类型对企业绩效的回归方程中加入中介变量财务杠杆之后，回归方程的R^2有所提高，说明回归方程对因变量的解释力增强。中介变量财务杠杆的回归系数显著为正（β=0.059，p<0.01），但加入中介变量之后，CEO类型的回归系数以及显著性水平均未降低（β–0.027，p<0.01），说明加入中介变量财务杠杆之后，自变量CEO类型对企业绩效的影响并未下降，H5没有得到验证，即家族企业财务杠杆对CEO类型和企业绩效的影响关系不发挥中介作用。同样，H5a和H5b也没有得到验证。

表6-14 财务杠杆的中介效应

	因变量：企业绩效（ROA）		
企业年龄（Age）	0.012 (0.009)	0.014 (0.009)	0.011 (0.009)
企业规模（size）	0.045*** (0.005)	0.047*** (0.005)	0.034*** (0.005)
高管薪酬（Rew3Exe）	0.032*** (0.009)	0.032*** (0.008)	0.036*** (0.008)
董事会规模（DirNum）	−0.027** (0.012)	−0.032*** (0.012)	−0.024** (0.012)
股权集中度（OWNCON）	0.010 (0.010)	0.013 (0.010)	0.013 (0.009)
省份（Province）	是（Yes）	是（Yes）	是（Yes）
行业（Industry）	是（Yes）	是（Yes）	是（Yes）
年份（Year）	是（Yes）	是（Yes）	是（Yes）
CEO类型（FCEO）		0.019*** (0.003)	0.027*** (0.003)
财务杠杆（Leverage）			0.059*** (0.007)
观测样本量	2093	2093	2091
R^2	0.126	0.149	0.180

资料来源：作者自行整理。

6.5.4 家族管理和职业化经营稳健性检验

在回归分析的基础上，为了确保统计检验的准确性和稳定性，本书对CEO类型影响家族企业绩效以及家族企业战略在该影响关系中的中介效应进行稳健性检验。在稳健性检验中，本书用净资产收益率ROE代替总资产收益率ROA作为因变量企业绩效的衡量指标，并依次对主效应CEO类型影响企业绩效以及家族企业多元化、国际化、财务杠杆的中介效应进行检验（详见表6-15、表6-16、表6-17、表6-18）。

根据表6-15，首先将包括省份、行业、年份等在内的控制变量加入回归方程，考察控制变量对应变量ROE的影响。在此基础上，在回归方程中加入自变量CEO类型，可以看到，加入自变量CEO类型之后，回归方程的R^2有所提高，说明回归方程对因变量的解释力增强。自变量CEO类型的回归系数显著为正（$\beta=0.039$，$p<0.01$），说明CEO类型对家族绩效有显著影响，且相对于非家族CEO，家族CEO所在家族企业的绩效水平更高。因此，H1得到支持而H2没有得到支持这一研究结论通过稳健性检验。

表6-15 CEO类型对企业绩效回归分析的稳健性检验结果

	因变量：企业绩效（ROE）	
企业年龄（Age）	0.017 (0.015)	0.022 (0.015)
企业规模（size）	0.063*** (0.008)	0.068*** (0.007)
高管薪酬（Rew3Exe）	0.027* (0.013)	0.026* (0.013)

续表

董事会规模（DirNum）	−0.030 (0.019)	−0.039** (0.019)
股权集中度（OWNCON）	−0.002 (0.015)	0.004 (0.015)
省份（Province）	是（Yes）	是（Yes）
行业（Industry）	是（Yes）	是（Yes）
年份（Year）	是（Yes）	是（Yes）
CEO类型（FCEO）		0.039*** (0.004)
观测样本量	2093	2093
R^2	0.091	0.129

资料来源：作者自行整理。

根据表6-16，将中介变量多元化加入CEO类型对企业绩效ROE的回归方程中，观察系数以及显著性的变化，来考察企业多元化的中介效应。可以看到，将中介变量多元化加入回归方程之后，回归方程的R^2有所提高，说明回归方程对因变量的解释力增强。且加入中介变量多元化之后，CEO类型的回归系数变小，由原来的0.039降低为0.015；而中介变量多元化的回归系数显著为负（β = −0.095，p<0.01），说明加入中介变量多元化之后，自变量CEO类型对企业绩效ROE的影响有所下降，即家族企业多元化战略对CEO类型和企业绩效的影响关系发挥部分中介作用。此外，由于家族CEO对企业多元化的偏好更低，而多元化对企业绩效ROE的回归系数为负，即多元化战略负向影响企业绩效ROE，所以相较于非家族CEO企业，家族CEO所在的家族企业对多元化战略的低偏好正向影响企业绩效。因此，H3和H3b得到支持，而H3a没有得到支持的研究结论通过了稳健性检验。

表6-16 多元化中介效应的稳健性检验

	因变量：企业绩效（ROE）		
企业年龄（Age）	0.017 (0.015)	0.022 (0.015)	0.025* (0.014)
企业规模（size）	0.063*** (0.008)	0.068*** (0.007)	0.064*** (0.007)
高管薪酬（Rew3Exe）	0.027* (0.013)	0.026* (0.013)	0.027** (0.013)
董事会规模（DirNum）	−0.030 (0.019)	−0.039** (0.019)	−0.031* (0.018)
股权集中度（OWNCON）	−0.002 (0.015)	0.004 (0.015)	−0.000 (0.015)
省份（Province）	是（Yes）	是（Yes）	是（Yes）
行业（Industry）	是（Yes）	是（Yes）	是（Yes）
年份（Year）	是（Yes）	是（Yes）	是（Yes）
CEO类型（FCEO）		0.039*** (0.004)	0.015*** (0.005)
多元化（HHI）			−0.095*** (0.010)
观测样本量	2093	2093	2093
R^2	0.091	0.129	0.165

资料来源：作者自行整理。

根据表6-17，将中介变量国际化加入CEO类型对企业绩效ROE的回归方程中，观察系数以及显著性的变化，来考察企业国际化的中介效应。可以看到，将中介变量国际化加入回归方程之后，回归方程的R^2大幅提高，说明回归方程对因变量的解释力增强。且加入中介变量国际化之后，CEO类型的回归系数变小，由原来的0.039降低为0.028；而中介变量国际化的回归系数显著为正（$\beta=0.243$，$p<0.01$），说明加入中介变量国际化之后，自变量CEO类型对企业绩效ROE的影响有所下降，即家族企业国际化

战略对 CEO 类型和企业绩效的影响关系发挥部分中介作用。此外，由于家族 CEO 对企业国际化的偏好更高，而国际化对企业绩效 ROE 的回归系数为正，即国际化战略正向影响企业绩效 ROE，所以相较于非家族 CEO 企业，家族 CEO 所在的家族企业对国际化战略的高偏好正向影响企业绩效。因此，H4 和 H4b 得到支持，而 H4a 没有得到支持的研究结论通过了稳健性检验。

根据表 6-18，将中介变量财务杠杆加入 CEO 类型对企业绩效 ROE 的回归方程中，观察系数以及显著性的变化，来考察企业财务杠杆的中介效应。可以看到，在 CEO 类型对企业绩效的回归方程中加入中介变量财务杠杆之后，回归方程的 R^2 有所提高，说明回归方程对因变量的解释力增强。中介变量财务杠杆的回归系数显著为正（β=0.130，p<0.01），但加入中介变量之后，CEO 类型的回归系数以及显著性水平均未降低（β=0.056，p<0.01），说明加入中介变量财务杠杆之后，自变量 CEO 类型对企业绩效 ROE 的影响并未下降，即家族企业财务杠杆对 CEO 类型和企业绩效的影响关系不发挥中介作用。因此，H5、H5a 和 H5b 均没有得到支持的研究结论通过了稳健性检验。

表 6-17 国际化中介效应的稳健性检验

	因变量：企业绩效（ROE）		
企业年龄（Age）	0.017 (0.015)	0.022 (0.015)	0.008 (0.011)
企业规模（size）	0.063*** (0.008)	0.068*** (0.007)	0.021*** (0.006)
高管薪酬（Rew3Exe）	0.027* (0.013)	0.026* (0.013)	−0.006 (0.010)
董事会规模（DirNum）	−0.030 (0.019)	−0.039** (0.019)	−0.016 (0.014)
股权集中度（OWNCON）	−0.002 (0.015)	0.004 (0.015)	0.006 (0.011)

续表

省份（Province）	是（Yes）	是（Yes）	是（Yes）
行业（Industry）	是（Yes）	是（Yes）	是（Yes）
年份（Year）	是（Yes）	是（Yes）	是（Yes）
CEO类型（FCEO）		0.039*** (0.004)	0.028*** (0.003)
国际化（Interational）			0.243*** (0.006)
观测样本量	2093	2093	2093
R^2	0.091	0.129	0.188

资料来源：作者自行整理。

表6-18　财务杠杆中介效应的稳健性检验

	因变量：企业绩效（ROE）		
企业年龄（Age）	0.017 (0.015)	0.022 (0.015)	0.014 (0.014)
企业规模（size）	0.063*** (0.008)	0.068*** (0.007)	0.038*** (0.008)
高管薪酬（Rew3Exe）	0.027* (0.013)	0.026* (0.013)	0.034*** (0.013)
董事会规模（DirNum）	−0.030 (0.019)	−0.039** (0.019)	−0.024 (0.018)
股权集中度（OWNCON）	−0.002 (0.015)	0.004 (0.015)	0.003 (0.014)
省份（Province）	是（Yes）	是（Yes）	是（Yes）
行业（Industry）	是（Yes）	是（Yes）	是（Yes）
年份（Year）	是（Yes）	是（Yes）	是（Yes）
CEO类型（FCEO）		0.039*** (0.004)	0.056*** (0.004)
财务杠杆（Leverage）			0.130*** (0.011)
观测样本量	2093	2093	2093
R^2	0.091	0.129	0.493

资料来源：作者自行整理

6.6 家族管理和职业化经营验证结果

基于家族企业管理的现实问题以及现有研究中存在的理论冲突，本章节从代际传承决策入手，比较了家族管理和职业化经营下的家族企业绩效优劣，并对企业战略在其中发挥的影响作用加以研究，试图找出家族管理和职业化经营（家族 CEO 与非家族 CEO）影响家族企业绩效的具体路径。

研究结论可以汇总到四个方面。第一，相对于非家族 CEO，家族 CEO 经营管理下的家族企业绩效更优。第二，多元化战略对 CEO 类型和家族企业绩效的影响关系发挥中介作用，该中介效应主要体现在：与非家族 CEO 相比，家族 CEO 经营管理下的家族企业对多元化战略的偏好更低，从而对企业绩效有着积极影响。第三，国际化战略对 CEO 类型和家族企业绩效的影响关系发挥中介作用，该中介效应主要体现在：与非家族 CEO 相比，家族 CEO 经营管理下的家族企业对国际化战略的偏好更高，从而对企业绩效有着积极影响。第四，财务杠杆对 CEO 类型和家族企业绩效的影响关系不存在中介效应。虽然财务杠杆显著影响家族企业绩效，但是它并不充当 CEO 类型影响家族企业绩效的中介变量，也就是说家族 CEO 对企业绩效的积极影响并不通过财务杠杆来实现。

本章提出的 5 条主假设中，有 3 条通过了验证，2 条没有通过验证。没有得到支持部分原因是因为本书的大部分假设都是互斥的，其中一条研究假设通过验证，其对应的互斥假设必然得不到支持。H1 得到支持而 H2 没有得到支持，说明在中国特有的政治经济背景下，相比于非家族 CEO 即职业经理人所在的家族企业，家族CEO企业的绩效水平更高。这一研究结论可以从理论和实践层面分别加以解释，从理论层面而言：基于委托代理理论，家族CEO参与经营让所有者和经营者的利益趋于一致，而且家族成员之间的信任度更高，信息不对称性较低，避免经理人的"逆向选择"和"道德风险"，明显地降低了家族企业中第一类委托代理问题的成本，对于家族企业的业绩有着极大的促进作用；此外家族成员担任企业CEO，加强了家族对企业的控制，与非家族CEO的经营相比，可以形成某些独特的管理资源。例如，家族CEO的忠诚度要远远高于非家族CEO，而且通常情况下家族CEO的企业家精神和进取意识较强，具备长远的决策格局，家族建立起来的社会资本和关系网络也更容易被家族CEO运用到经营管理中，这些都是与非家族CEO相比，家族CEO所具备的管理资源优势。

从实践层面而言：本书的企业样本来源于中国家族上市公司，与发达资本主义国家相比，我国的资本市场还处于起步阶段，监管政策等尚待进一步规范。在不完善的市场环境中，外部监管比较松懈，家族企业中家族管理这一独有的治理特征能带来更多的经济和非经济"溢价"，因此，家族管理下家族CEO更有可能在这样的政治经济环境下取得较优的绩效；此外，当家族企业的创始人感知到外部政治经济环境比较好或者企业经营状态良好的情况下，就更愿意将企业交付给家族内部成员如自己的子女经营打理，而当家族企业的创始人感知到外部政治经济环境比较恶劣或者企业经营状况不佳时，他们就会担心参与经营的家族成员心智成本过高，而更加愿意选择非家族成员即职业经理人来管理企业。这种现象是由于家族企业中存在利他主义，这体现了家族企业创始人对自家人强烈的仁慈动机。由此，家族CEO和非家族CEO所接任的企业通常在经营状况和经营环境上都存在差异。而更优的基础塑造更优的结果，与非家族CEO相比，家族CEO接任的企业往往具备更好的内部资源条件和外部经营环境，因此在后续经营管理中能实现更优的企业绩效。

H3 和 H3b 得到支持，而 H3a 没有得到支持，说明在 CEO 类型和企业绩效的影响关系中，家族企业的多元化战略发挥了部分中介作用；而且相较于非家族 CEO 企业，家族 CEO 所在的家族企业对多元化战略的偏好更低，这种偏好对企业绩效存在正向影响。企业采取多元化战略，对财力和人力的投入都有着较高要求，而实施的过程复杂多变，涉及很多新的业务程序。基于社会情感价值理论，家族企业包含了家族大量的情感及财富投入，相比于非家族 CEO，家族 CEO 更注重保护家族的社会情感价值和巩固家族对企业的控制，更加厌恶不确定性风险，在资源的配置利用上更加谨慎。而多元化战略一方面需要大量的资源投入，未来收益的不确定风险较高，可能对家族财富和社会情感价值造成损害；另一方面，多元化对于资金和人力需求会引入其他债权、股权的利益相关者，以及专业的技术管理人才，这会使得家族企业的经营受到更多来自于家族外部的利益相关者的实时监控和干预，削弱家族在企业中的权威和影响力。因此，出于对家族企业的控制力以及社会情感价值的保护，相比于非家族 CEO，家族 CEO 更不愿意实施多元化战略。从实践角度而言，在家族企业中建立新业务、进入新领域的知识经验（即多元化的知识和经验）有时并不能为企业带来竞争优势，很多时候，在单一领域做大、做强、做深更有利于增强家族企业的综合竞争力，也就是说，采用多元化战略可能会给企业带来负面影响。而且与多元化战略从外部引入专业人士和技术人才的结果相比，家族内部成员的高度忠诚和长远视角更有可能成为家族企业的独特资源。由此，家族 CEO 更少采用多元化战略的偏好可以视为是家族企业独有的竞争优势，有利于企业绩效的提升。

H4 和 H4b 得到支持，而 H4a 没有得到支持，说明在 CEO 类型和企业绩效的影响关系中，家族企业的国际化战略发挥了部分中介作用；而且相较于非家族 CEO 企业，家族 CEO 所在的家族企业对国际化战略的偏好更高，这种偏好对企业绩效存在正向影响。相比于非家族 CEO，家族 CEO 的重大特点是有更长远的经营视角和决策格局，更关注企业的长期绩效和长远发展，而对国际化战略的偏好恰恰反映了家族 CEO 区别于非家族 CEO 的这一特性。家族 CEO 站在长远的角度，希望通过追求国际化战略来为家族企业创造成长冲量和机会。在这一过程中，他们往往充当了企业的智多星，为家族企业在国际化扩张中寻求长远利益。而且，虽然与职业经理人相比，家族 CEO 的能力经常受到诟病，但现代家族企业中的家族 CEO 大部分都接受过国内外高等教育的培养，在国际化战略实施之前或实施过程中，会有意识地加深自己对国际化专业知识的了解，提升国际化的业务能力。因此，从理念上而言，比起非家族 CEO 的短视决策，具有长远视角的家族 CEO 更偏好国际化战略的实施；从能力上而言，家族 CEO 也在不断提升自己对于国际化的知识储备和业务能力，以确保家族企业国际化的顺利进行。

首先，国际化战略作为公司层战略的核心内容，可以通过本土化生产帮助家族企业避免部分跨国经营的关税费用，同时获取与国内市场互补的资源要素，开拓更广的客户群体；其次，国际化的过程是企业积累和磨砺新技能的过程，有利于提升家族企业的综合竞争力和影响力；最后，国际化扩张可以为公司带来更好的声誉资产和社会资本，为家族企业铺垫长远的潜力。一旦家族企业在国际市场中站稳脚跟，建立起很好的企业联结和声誉，将会进一步促进家族企业的国际化进程，形成良性循环。由此，与非家族 CEO 相比，家族 CEO 更愿意采取国际化战略的偏好，能积极影响企业的经营绩效。

H5、H5a 以及 H5b 均没有得到支持，说明家族企业的财务杠杆对 CEO 类型和企业绩效的影响关系并没有发挥中介作用。导致这一研究结论的原因可能有二。其一，与多元化战略、国际化战略相比，财务杠杆实施过程中所涉及的路径依赖水平较低，因此家族CEO企业和非家族CEO企业很难在财务杠杆上形成明显的差异，从而很难通过财务杠杆的差异来影响企业绩效。家族CEO所在企业在发展过程中形成的独特资源如社会资本、声誉、关系契约等，导致了其与非家族CEO企业在多元化和国际化战略上的明显差异，而且有路径依赖的存在，这些差异往往无法消除，从而让家族CEO和非家族CEO通过多元化、国际化战略上的不同偏好影响了最终的企业绩效。而在财务杠杆的实施过程中，虽然家族CEO和非家族CEO在选择偏好上也会有所差异，但由于对资源和路径的依赖程度相对较低，财务杠杆上的这种差异比较容易修复。也就是说，非家族CEO很容易在财务杠杆上做出调整，使其与家族CEO所在企业对财务杠杆的偏好一致。因此，与非家族CEO企业相比，家族CEO所在的企业并不一定能通过对财务杠杆的某种偏好来实现对家族企业绩效的积极影响。其二，对于财务杠杆的衡量指标选择有偏差。本书中主要采用资产负债率作为财务杠杆的衡量指标。基于数据可得性和文献基础选择这样的设定，虽然简化了研究的复杂性，但可能造成了对财务杠杆衡量上的失真和偏颇，导致研究假设没有得到支持。

第7章

家族企业代际传承绩效差异实证研究

7.1 代际传承绩效差异理论模型

从代理成本和社会情感价值的角度出发，创始人 CEO 和家族继任 CEO 在治理行为上的偏好有可能导致代际绩效的差异。根据现有理论基础，本书构建了代际传承绩效差异的理论模型（如图 7-1 所示）。

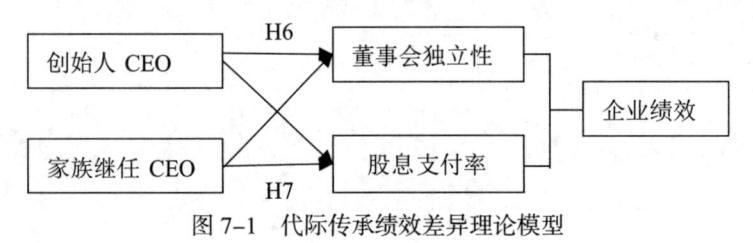

图 7-1　代际传承绩效差异理论模型

资料来源：作者自行整理。

本部分重点考察家族企业代际绩效差异的原因。研究家族 CEO 中，创始人和继任者对家族企业绩效的影响作用，并从继任 CEO 对家族控制权和战略选择偏好的角度对代际绩效差异进行比较，分析代际 CEO 影响企业绩效的具体路径。具体而言，以家族代际 CEO 作为自变量，研究其对企业绩效的影响，并引入董事会独立性（体现家族控制权）和股息支付率（体现战略偏好）作为中介变量。需要说明的是，家族对控制权的强化可以通过多种途径，包括控制董事会独立性、构建金字塔结构等，本书主要通过考察对董事会独立性的控制来体现继任 CEO 强化家族控制权的偏好，企业的董事会独立性越低，说明继任 CEO 越偏好对家族控制权的强化。此外，家族企业在战略上的保守性可以体现在对研发和高风险投资的回避，以及对经营利润的尽早提取。本书主要用股息支付率来反映家族企业战略上的保守性，股息支付率越高，说明继任 CEO 更愿意提取利润而避免高风险、高投入的企业战略，对战略保守性的偏好越强。代际传承绩效差异的回归模型具体如下：

$$ROA_{it} = \beta_0 + \beta_1 SFCEO_{it} + \beta_2 Age_{it} + \beta_3 size_{it} + \beta_4 Re\,w3Exe_{it} + \beta_5 DirNum_{it} + \\ + \beta_6 BETA_{it} + \Sigma Industry + \Sigma Province + \Sigma Year + \varepsilon_{it} \quad (7-1)$$

$$IndDirPct_{it} = \beta_0 + \beta_1 SFCEO_{it} + \beta_2 Age_{it} + \beta_3 size_{it} + \beta_4 Re\,w3Exe_{it} + \\ + \beta_5 DirNum_{it} + \beta_6 BETA_{it} + \Sigma Industry + \Sigma Province + \Sigma Year + \varepsilon_{it} \quad (7-2)$$

$$ROA_{it} = \beta_0 + \beta_1 SFCEO_{it} + \beta_2 IndDirPct_{it} + \beta_3 Age_{it} + \beta_4 size_{it} + \beta_5 Re\,w3Exe_{it} + \\ + \beta_6 DirNum_{it} + \beta_7 BETA_{it} + \Sigma Industry + \Sigma Province + \Sigma Year + \varepsilon_{it} \quad (7-3)$$

$$Dividend_{it} = \beta_0 + \beta_1 SFCEO_{it} + \beta_2 Age_{it} + \beta_3 size_{it} + \beta_4 Re\,w3Exe_{it} + \\ + \beta_5 DirNum_{it} + \beta_6 BETA_{it} + \Sigma Industry + \Sigma Province + \Sigma Year + \varepsilon_{it} \quad (7-4)$$

$$ROA_{it} = \beta_0 + \beta_1 SFCEO_{it} + \beta_2 Dividend_{it} + \beta_3 Age_{it} + \beta_4 size_{it} + \beta_5 Re\,w3Exe_{it} + \\ + \beta_6 DirNum_{it} + \beta_7 BETA_{it} + \Sigma Industry + \Sigma Province + \Sigma Year + \varepsilon_{it} \quad (7-5)$$

该模型中新增的核心概念有董事会独立性和股息支付率：

（1）董事会独立性

董事会是公司治理结构的最关键部分，其到底能不能起到应有的作用，最核心的就体现在董事会所具有的公平性和独立性，但是董事会是否具有独立性又经常是由董事会的公平性所决定的。一般而言，引入外部独立董事能够有效提高董事会的独立性。所谓外部独立董事是指与公司股东和经营管理者无血缘关系和业务关系的外部人员。独立董事的存在可以提高对企业经营管理的监督效率；此外，独立董事通常具有一定的社会声誉、行业专长或管理背景，随着独立董事的加入，可为企业在管理和资本运作方面提供专业的咨询和指导服务，有利于企业业绩的改善。根据委托代理理论，家族企业受到的外部监管越强，发生代理问题特别是第二类代理问题的可能性就越低。因此，在家族企业中，独立董事是用来缓解家族大股东和中小股东矛盾的重要措施，控股家族往往通过限制董事会独立性来巩固和强化家族对企业的控制权。

本书用独立董事人数和董事会总人数的比值来测量董事会独立性。较高的董事会独立性有利于提高董事会的监督作用，董事会独立性越高，企业受到的外部监管力度越强，家族大股东侵害小股东权益的可能性也就越低。

（2）股息支付率

本书用股息支付率(Dividend Payout Ratio)这一指标来衡量家族企业的股利政策。股息支付率又称股利分配率，该指标反映普通股股东从每股的全部净收益中分得多少，就单独的普通股投资者来讲，这一指标比每股净收益更直接体现当前利益。股息支付率高低要依据各公司对资金需要量的具体状况而定，也取决于公司的股利支付策略，公司要综合考虑经营扩张资金需求、财务风险高低、最佳资本结构来决定支付股利的比例。一般而言，与非家族企业相比，家族企业的股息支付率较高，体现了家族股东希望从企业经营中尽早提取利润避免风险的意愿，股息支付率越高，说明家族提取利润的意愿越强烈，对风险的规避偏好越大。而且股息支付率越高，也意味着留存给企业再发展的资金量越少，说明在企业战略决策上更加保守。

本书用向股东分派的股息占公司盈利的百分比来计算股息支付率。在投资实践中，股息支付率是衡量企业是否具有投资价值的重要标尺之一，投资者可全面考核各个企业的股息支付率，进而筛选出绩优企业，一般来讲，绩优企业的股息支付率更为理想。

根据上文对相关变量的界定及测量描述，有关家族企业代际传承绩效差异的变量汇总及符号说明汇总见表7-1。

表7-1 变量符号及变量说明汇总

变量名称	变量符号	变量说明
自变量		
CEO类型	FCEO	家族CEO
	SFCEO	家族继任CEO
因变量		
企业绩效	ROA	总资产收益率
	ROE	净资产收益率
中介变量		
董事会独立性	InddirPct	独立董事人数和董事会总人数的比值
股息支付率	Divident	现金股息与利润的比值
控制变量		
企业年龄	Age	企业成立年份至2016年之间间隔的自然年份
企业规模	Size	企业员工数量
高管薪酬	Rew3Exe	前二名高管薪酬
董事会规模	DirNum	董事会人数
股权集中度	OwnCon	家族持股比例
企业β值	Beta	风险指数,衡量个别企业的股票相对于整个股市的价格波动情况
省份	Province	样本企业所在省份
行业	Industry	样本企业所在行业
年份	Year	样本数据的来源年份

资料来源：作者自行整理。

7.2 代际传承绩效差异研究假设

大量有关家族企业传承的研究都发现，与初代家族企业 CEO 相比，家族继任 CEO 所经营的企业绩效较差。[1]如彭（Peng）通过研究指出，企业创始人出任 CEO 能够推动企业绩效的优化。[2]法伦布拉什（Falenbrach）则了解到，企业创始人直接负责企业相对二代负责人的管理能够为企业创造出更大的业绩，并且二代接替一代接管家族企业控制权时，会导致企业业绩的巨幅滑落。[3]维拉伦格和阿密特认为，CEO 由创始人出任才是家族企业获得价值提升的保障，反之继承人担任 CEO 一职则会导致企业价值的下滑。因为在初代管理者手中被视为是家族企业优势的资源，在家族继任者接手后都会弱化。从个人能力和理念层面来看，创始人 CEO 更倾向于内外部投资机会的获得，比如在现有资源的基础上为企业的可持续性创新发展提供资金支持。创始人 CEO 会借助个体的努力和行为，为企业打造一种勇于冒险的文化格局。和创始人 CEO 相比，继任 CEO 的优势仅体现在知识、学历及年龄方面，但在艰苦朴素、商场阅历及社会人脉上呈现出巨大的劣势，风险应对能力也相对较弱。

---

[1] Pérez-González F. Inherited control and firm performance [J]. *American Economic Review*, 2006, 96(5): 1559–1588.

[2] Peng M.W. Outside directors and firm performance during institutional transitions [J]. *Strategic Management Journal*, 2004, 25(5): 453–471.

[3] Falenbrach R. Founder-CEOs, investment decisions, and stock market performance [J]. *Journal of Financial and Quantitative Analysis*, 2009, 44(2): 439–466.

第 7 章　家族企业代际传承绩效差异实证研究

虽然研究者们在初代与继任的绩效差异上达成了一致，但很少有人对这一现象的原因加以研究。除了初代和继任在个人特质和能力上的差异，什么样的组织内部机制导致了代际之间的绩效差异？创始人 CEO 和继任 CEO 对企业绩效的影响路径是什么？维拉伦格等人从理论的角度提出，与创始人 CEO 相比，家族继任 CEO 上任后，家族企业大股东与小股东之间的矛盾（第二类委托代理问题）会加剧，从而抵消了家族管理缓解第一类委托代理问题而带来的管理效率的提升。[①] 基于维拉伦格等人的观点，有研究发现与初代 CEO 相比，家族继任 CEO 会更多地运用双重股权结构等治理手段来增强家族对企业的控制力，而削弱小股东的权益。[②] 相对家族继任 CEO 而言，初代 CEO 从创业起逐步建立起来的家族权威更有感召性和说服力，因此在继任者接手家族企业之后，更担心家族在企业的后续发展中失去控制权。他们会回避保护小股东权益的相关治理措施，如独立董事的监管作用等，也会更倚重金字塔结构等来加大所有权和现金流权的分离程度，增加其可控的资源便于掏空公司。[③] 继任者急于巩固家族控制权的偏好可能是影响代际绩效差异的因素之一。据此，本书提出：

H6：相较于创始人 CEO 企业，家族继任 CEO 所在的家族企业更偏好对家族控制权的强化，这种偏好对企业绩效存在负向影响。

家族继任者在治理结构上的偏好给予他们更大的自由决策权。研究者们指出，与创始人管理者相比，家族继任者更加厌恶风险[④]，也比较缺乏管

[①] Villalonga B. Amit R. How do family ownership, control and management affect firm value？[J]. *Journal of Financial Economics*, 2006, 80(2): 385–417.

[②] Burkart M. Gromb D. Panunzi F. Large shareholders, monitoring, and the value of the firm [J]. *The Quarterly Journal of Economics*, 1997, 112(3): 693–728.

[③] 冯旭南. 债务融资和掠夺——来自中国家族上市公司的证据 [J]. 经济学（季刊），2012(3)：943–968.

[④] Strauss G. Shuen A. Chandler A.D. Scale and scope: The dynamics of industrial capitalism [J]. *Administrative Science Quarterly*, 1991, 36(3): 497.

理才能，所以更大的自由决策权会影响家族企业的战略选择和财务绩效。[①]从社会情感价值的角度来看，家族继任CEO更担心家族的社会情感价值受到损害。所以，他们往往倾向于回避一些高风险的投资战略，如研发费用的投入，因为研发需要大量的管理和技术资本投入，并且有可能危害到家族对企业的控制力和家族的社会情感价值。[②]另外，家族继任者更愿意采取一些战略尽早从企业经营中提取利润，并将提取的家族财富进行多样化投资以分散风险。[③]据此，本书提出：

H7：相较于创始人CEO企业，家族继任CEO所在的家族企业更偏好保守型的战略选择，这种偏好对企业绩效存在负向影响。

7.3 代际传承绩效差异实证分析

在本章节家族企业代际传承绩效差异的研究中，本书共收录了152家符合要求的家族企业、594个观测值的有效面板数据。

[①] Bloom N. Reenen J.V. Measuring and explaining management practices across firms and countries [J]. *The Quarterly Journal of Economics*, 2007, 122(4): 1351–1408.

[②] Gómez-Mejía L.R. Hoskisson R.E. Makri M. Sirmon D.G. Campbell J.T. Innovation and preservation of socioemotional wealth: The paradox of R&D investment in family controlled high technology firms [J]. 2011b, Working Paper.

[③] Essen M.V. Carney M. Gedajlovic E R. How does family control influence firm strategy and performance？ A Meta-Analysis of US publicly listed frms [J]. *Corporate Governance: An International Review*, 2015, 23(1): 3–24.

7.3.1 代际传承绩效差异描述性统计

对于家族企业代际传承绩效差异的考察，本书同样先对各变量进行描述性统计，以面板数据的观测值而非样本企业进行描述性统计（详见表7-2、表7-3）。

根据表7-2，依据证监会颁布的《上市公司行业分类指引（2012年修订版）》，家族成员担任CEO的样本企业在行业划分上，制造业的占比高达90.57%，说明和家族管理和职业化经营的数据结构相似，代际传承绩效差异的样本家族企业大多还是以传统制造业为主。在地区划分上，有超过半数的家族企业分布在浙江、广东、江苏3地，其他包括河北、天津等14个省、直辖市以及自治区占比仅有23.74%，说明代际传承绩效差异的样本家族企业也主要集中在长三角和珠三角等经济发达地区。在企业年龄分布上，有近90%的家族企业有5年到20年的发展历史，这同样与我国改革开放之后开放私有制经济的特殊国情相符，也说明家族企业的平均年龄较长。在企业规模方面，员工数量在500人以上的家族企业占比超过了90%，说明代际传承绩效差异样本家族企业绝大多数颇具规模。在高管薪酬方面，同样有85%以上的家族企业高管薪酬在200万元以下，代际传承绩效差异中高管薪酬变量仍然是企业前三名高管的薪酬总和，说明大部分家族企业高管的人均薪酬不到100万元。在董事会规模上，大部分样本家族企业的董事人数都在9人以上，5人以下（含5人）的董事会规模较少见，仅占1.01%。最后，在企业β值方面，有超过半数的样本企业β值都介于0到1之间，说明大部分样本家族上市企业的股票收益和风险都要低于大盘指数；有8.42%的样本企业β值低于0，说明有少部分样本家族上市公司的收益与大盘走势呈负相关；有33.50%的样本企业β值大于1，说明有近

1/3 的样本家族上市公司的收益和风险要高于大盘指数。

表7-2　代际传承绩效差异控制变量的描述性统计结果

变量及分类		频数	频率（%）	变量及分类		频数	频率（%）
行业	房地产业	2	0.34	企业年龄	5年（含）以下	10	1.68
	建筑业	5	0.84		5年至10年（含）	111	18.69
	农、林、牧、渔业	14	2.36		10年至15年（含）	297	50.00
	批发和零售业	6	1.01		15年至20年（含）	122	20.54
	文化、体育和娱乐业	9	1.52		20年以上	54	9.09
	制造业	538	90.57	企业规模	500人以下（含）	59	9.93
	租赁和商务服务业	9	1.52		500人至1000人（含）	177	29.80
地区	浙江省	156	26.26		3000人至5000人（含）	107	18.01
	广东省	92	15.49		5000人以上	37	6.23
	山东省	47	7.91	高管薪酬	100万元以下（含）	330	55.56
	福建省	44	7.41		100万元至200万元（含）	188	31.65
	湖南省	26	4.38		200万元至300万元（含）	62	10.44
	北京/上海	25	4.21		300万元以上	14	2.36
企业β值	小于0	50	8.42		6人至8人	117	19.70
	0（含）到1（含）	345	58.08		9人至10人	268	45.12
	大于1	199	33.50		10人以上	203	34.18

资料来源：作者自行整理。

在对控制变量的频率分布进行统计分析的基础上，本书同样对代际传承绩效差异各变量的统计特征值进行了汇总。根据表7-3，自变量家族代际CEO的均值为0.606，说明在家族成员担任CEO的样本企业中，有60.6%为家族继任CEO。因变量企业绩效的均值为7.4%，极小值为-21.0%，说明代际传承绩效差异中也有部分样本家族企业的绩效不太理想。中介变量董事会独立性和股息支付率的均值分别为36.1%和1.8%，处于企业正常水平。

160

其中，董事会独立性的极大值为66.7%，而极小值为0，说明在代际传承绩效差异的样本家族企业中，在独立董事占比上的差异较大，有的家族企业的董事会独立性超过50%，而有的家族企业董事会甚至没有独立董事。而股息支付率的极大值为1，极小值为0，说明代际传承绩效差异中样本家族企业在股利政策上差异也较大。

表7-3 代际传承绩效差异各变量描述性统计结果

变量名称	均值	标准差	极大值	极小值	中位数	观测样本量
自变量							
家族代际CEO	0.606	0.489	1	0	1	594
因变量							
企业绩效	0.074	0.081	0.586	−0.210	0.061	594
中介变量							
董事会独立性	0.361	0.128	0.667	0	0.375	594
股息支付率	0.018	0.107	1	0	0.004	594
控制变量							
企业年龄	0.477	0.269	1	0.011	0.426	594
企业规模	0.461	0.214	1	0.220	0.366	594
高管薪酬	0.467	0.276	1	0.068	0.390	594
董事会规模	0.494	0.285	1	0.007	0.523	594
企业β值	0.762	0.518	4.323	−0.551	0.783	594

资料来源：作者自行整理。

7.3.2 代际传承绩效差异相关分析

为了考察变量之间的基本关系，本书采用双侧检验的方法，运用stata14.0对代际传承绩效差异中各变量进行了相关分析（见表7-4）。变量的相关系数矩阵显示，解释变量和被解释变量之间都存在显著的相关性，需要通过进一步的回归分析来探究各变量之间的影响关系。自变量家族代际CEO（r=-0.293，p<0.001）与因变量企业绩效显著相关；中介变量董事会独立性（r=0.204，p<0.001）、股息支付率（r=-0.146，p<0.001）与因变量企业绩效都显著相关。自变量家族代际CEO与中介变量董事会独立性（r=-0.192，p<0.001）、股息支付率（r=0.102，p<0.005）之间也显著相关。而各解释变量与控制变量之间相关系数大多低于0.2或者不相关，其中：家族代际CEO与企业规模、董事会规模的相关系数均在0.2以下，与企业年龄、高管薪酬以及企业β值不相关；董事会独立性与董事会规模以及企业β值相关性不显著，与企业年龄、企业规模和高管薪酬的相关系数在0.2以下；股息支付率与企业规模、高管薪酬以及董事会规模相关性不显著，与企业β值的相关系数在0.2以下。鉴于部分解释变量和控制变量也存在相关性，因此进行自相关性检验，结果表明各解释变量之间以及解释变量和控制变量之间的VIF值均小于2，研究模型基本可以排除多重共线性问题。

7.3.3 代际传承绩效差异回归分析

在相关分析的基础上，本书进一步使用stata14.0进行回归分析来探究代际传承绩效差异中各变量之间的影响关系，对家族企业代际绩效差异的相关假设进行检验。

1. 家族代际 CEO 对企业绩效的影响

首先，本书将控制变量放入回归方程，考察各个控制变量对因变量企业绩效的影响（见表 7-5）。为了控制地域差异、行业差异以及时间趋势对回归结果的影响，在代际传承绩效差异中同样将省份、行业以及年份作为控制变量放入回归方程。控制变量对企业绩效的回归显示，企业年龄、企业规模、高管薪酬以及董事会规模等对企业绩效都有着显著影响，说明选取的控制变量有效。

表 7-4　代际传承绩效差异相关关系分析结果

	企业绩效	家族代际CEO	董事会独立性	股息支付率	企业年龄	企业规模	高管薪酬	董事会规模
家族代际CEO	-0.293***							
董事会独立性	0.204***	-0.192***						
股息支付率	-0.146***	0.102**	-0.301***					
企业年龄	0.050*	0.038	0.117***	0.165***				
企业规模	0.052*	0.126***	-0.143***	0.042	0.095**			
高管薪酬	0.187***	0.008	0.088**	0.015	0.169***	0.257***		
董事会规模	-0.009*	0.104**	-0.035	0.069*	0.097***	0.223***	0.078*	
企业β值	-0.057	0.009	0.060	0.104**	0.026	0.001	-0.041	0.015

注："***""**""*"分别表示相关系数在 1%、5% 和 10% 的显著性水平下显著（皆为双侧检验）。

资料来源：作者自行整理。

表 7-5 代际传承绩效差异控制变量对绩效的回归结果

	因变量：企业绩效（ROA）
企业年龄（Age）	0.015* (0.013)
企业规模（size）	−0.007* (0.016)
高管薪酬（Rew3Exe）	0.073*** (0.013)
董事会规模（DirNum）	−0.015* (0.0012)
企业β值（beta）	−0.004 (0.007)
省份（Province）	是（Yes）
行业（Industry）	是（Yes）
年份（Year）	是（Yes）
观测样本量	594
R^2	0.260

注：括号里为回归系数标准误。"***""**""*"分别表示相关系数在1%、5%和10%的显著性水平下显著（皆为双侧检验），以下各表均与此表类同。

资料来源：作者自行整理。

在控制变量之后，本书进一步将自变量家族代际CEO放入回归方程，来考察家族代际CEO对家族企业绩效的影响（见表7-6）。可以看到，加入自变量家族代际CEO之后，回归方程的R^2增加，表示回归方程对企业绩效的解释力度增强。自变量家族代际CEO的回归系数在1%的置信水平上显著为负（β=−0.033，p<0.01），说明与本书的理论基础一致，相比于创始人CEO，家族继任CEO所在家族企业的绩效水平较低。

表7-6 家族代际CEO对企业绩效的回归结果

	因变量：企业绩效（ROA）	
企业年龄（Age）	0.015* (0.013)	0.015* (0.013)
企业规模（size）	−0.007* (0.016)	−0.000 (0.016)
高管薪酬（Rew3Exe）	0.073*** (0.013)	0.067*** (0.013)
董事会规模（DirNum）	−0.015* (0.0012)	−0.009 (0.012)
企业β值（beta）	−0.004 (0.007)	−0.005 (0.007)
省份（Province）	是（Yes）	是（Yes）
行业（Industry）	是（Yes）	是（Yes）
年份（Year）	是（Yes）	是（Yes）
家族代际CEO（SFCEO）		−0.033*** (0.007)
观测样本量	594	594
R^2	0.2522	0.288

资料来源：作者自行整理。

2. 董事会独立性在家族企业代际绩效差异中的中介效应

在验证了家族代际CEO对企业绩效的影响之后，本书进一步考察家族管理权对该影响关系的中介效应，对家族管理权的考察主要通过董事会独立性来体现。首先，将自变量家族代际CEO和中介变量董事会独立性进行回归，考察家族代际CEO对中介变量董事会独立性的影响效果。接着，将中介变量董事会独立性加入家族代际CEO对企业绩效的回归方程，查看回归系数以及显著性的变化，来判断中介效应是否成立（详见表7-7、表7-8）。

根据表7-7，自变量家族代际CEO对中介变量董事会独立性的回归系数在1%的置信水平上显著为负（β=-0.054，p<0.01），说明家族代际CEO显著影响家族企业的董事会独立性，相比于创始人CEO，家族继任CEO所在家族企业的董事会独立性较低。

表7-7 家族代际CEO对董事会独立性的回归结果

	因变量：董事会独立性（INDDIRPCT）	
企业年龄（Age）	0.067*** （0.021）	0.067*** （0.021）
企业规模（size）	-0.108*** (0.027)	-0.097*** (0.027)
高管薪酬（Rew3Exe）	0.064*** (0.021)	0.054** (0.021)
董事会规模（DirNum）	-0.010 （0.019）	-0.000 （0.019）
企业β值（beta）	0.025** （0.011）	0.023** （0.011）
省份（Province）	是（Yes）	是（Yes）
行业（Industry）	是（Yes）	是（Yes）
年份（Year）	是（Yes）	是（Yes）
家族代际CEO（SFCEO）		-0.054*** (0.012)
观测样本量	594	594
R^2	0.193	0.223

资料来源：作者自行整理。

根据表7-8，在家族代际CEO对企业绩效的回归方程中加入中介变量董事会独立性之后，回归方程的R^2有所提高，说明回归方程对因变量的解释力增强。且加入中介变量董事会独立性之后，家族代际CEO的回归系数

续表

绝对值变小，由原来的 0.033 降低为 0.027；而中介变量董事会独立性的回归系数显著为正（β = 0.122，p<0.01），说明加入中介变量董事会独立性之后，自变量家族代际 CEO 对企业绩效的影响有所下降，即家族企业的董事会独立性对家族代际 CEO 和企业绩效的影响关系发挥部分中介作用。此外，由于家族继任 CEO 所在企业的董事会独立性较低，而董事会独立性对企业绩效的回归系数为正，即董事会独立性正向影响企业绩效，所以相较于创始人 CEO 企业，家族继任 CEO 企业的低董事会独立性负向影响企业绩效。也就是说，相较于创始人 CEO 企业，家族继任 CEO 所在的家族企业更偏好对家族管理权的强化，这种偏好对企业绩效存在负向影响，H6 得到验证。

表 7-8 董事会独立性的中介效应

	因变量：企业绩效（ROA）		
企业年龄（Age）	0.015* (0.013)	0.015* (0.013)	0.006* (0.013)
企业规模（size）	−0.007* (0.016)	−0.000* (0.016)	−0.012 (0.016)
高管薪酬（Rew3Exe）	0.073*** (0.013)	0.067*** (0.013)	0.061*** (0.013)
董事会规模（DirNum）	−0.015* (0.0012)	−0.009* (0.012)	−0.009* (0.012)
企业β值（beta）	−0.004 (0.007)	−0.005 (0.007)	−0.008 (0.007)
省份（Province）	是（Yes）	是（Yes）	是（Yes）
行业（Industry）	是（Yes）	是（Yes）	是（Yes）
年份（Year）	是（Yes）	是（Yes）	是（Yes）
家族代际CEO（SFCEO）		−0.033*** (0.007)	−0.027*** (0.007)

续表

董事会独立性（Inddirpct）			0.122*** （0.025）
观测样本量	594	594	594
R^2	0.260	0.288	0.317

资料来源：作者自行整理。

3. 股息支付率在家族企业代际绩效差异中的中介效应

本书进一步考察家族企业战略政策对家族代际 CEO 与企业绩效影响关系的中介效应，对企业战略政策（保守性）考察主要通过股息支付率来体现。首先，将自变量家族代际 CEO 和中介变量股息支付率进行回归，考察家族代际 CEO 对中介变量股息支付率的影响效果。接着，将中介变量股息支付率加入家族代际 CEO 对企业绩效的回归方程，查看回归系数以及显著性的变化，来判断中介效应是否成立（详见表 7-9、表 7-10）。

根据表 7-9，自变量家族代际 CEO 对中介变量股息支付率的回归系数在 1% 的置信水平上显著为正（$\beta = 0.031$，$p<0.01$），说明家族代际 CEO 显著影响家族企业的股息支付率，相比于创始人 CEO，家族继任 CEO 所在家族企业的股息支付率较高。

表 7-9 家族代际CEO对股息支付率的回归结果

	因变量：股息支付率（divident）	
企业年龄（Age）	0.049*** （0.018）	0.049*** （0.018）
企业规模（size）	0.022 (0.023)	0.016 (0.023)
高管薪酬（Rew3Exe）	−0.022 (0.019)	−0.016 (0.019)
董事会规模（DirNum）	0.026 （0.017）	0.020 （0.017）
企业 β 值（beta）	0.020** （0.010）	0.021** （0.010）

续表

省份（Province）	是（Yes）	是（Yes）
行业（Industry）	是（Yes）	是（Yes）
年份（Year）	是（Yes）	是（Yes）
家族代际CEO（SFCEO）		0.031*** (0.010)
观测样本量	594	594
R^2	0.153	0.168

资料来源：作者自行整理。

根据表7-10，在家族代际CEO对企业绩效的回归方程中加入中介变量股息支付率之后，回归方程的 R^2 有所提高，说明回归方程对因变量的解释力增强。且加入中介变量股息支付率之后，家族代际CEO的回归系数的绝对值变小，由原来的0.033降低为0.029；而中介变量董事会独立性的回归系数显著为负（β=-0.124，p<0.01），说明加入中介变量股息支付率之后，自变量家族代际CEO对企业绩效的影响有所下降，即家族企业的股息支付率对家族代际CEO和企业绩效的影响关系发挥部分中介作用。此外，由于家族继任CEO所在企业的股总支付率较高，而股息支付率对企业绩效的回归系数为负，即股息支付率负向影响企业绩效，所以相较于创始人CEO企业，家族继任CEO企业的高股息支付率负向影响企业绩效。也就是说，相较于创始人CEO企业，家族继任CEO所在的家族企业更偏好保守型的战略政策，这种偏好对企业绩效存在负向影响，H7得到验证。

表 7-10 股息支付率的中介效应

	因变量：企业绩效（ROA）		
企业年龄（Age）	0.015* (0.013)	0.015* (0.013)	0.021* (0.013)
企业规模（size）	−0.007* (0.016)	−0.000* (0.016)	−0.002* (0.016)
高管薪酬（Rew3Exe）	0.073*** (0.013)	0.067*** (0.013)	0.065*** (0.013)
董事会规模（DirNum）	−0.015* (0.0012)	−0.009* (0.012)	−0.007* (0.012)
企业β值（beta）	−0.004 （0.007）	−0.005 （0.007）	−0.002 （0.007）
省份（Province）	是（Yes）	是（Yes）	是（Yes）
行业（Industry）	是（Yes）	是（Yes）	是（Yes）
年份（Year）	是（Yes）	是（Yes）	是（Yes）
家族代际CEO（SFCEO）		−0.033*** (0.007)	−0.029*** （0.007）
股息支付率（divident）			−0.124*** （0.085）
观测样本量	594	594	594
R^2	0.260	0.288	0.311

资料来源：作者自行整理。

7.3.4 代际传承绩效差异稳健性检验

本书在回归分析的基础上，进一步对家族代际CEO对企业绩效的影响以及家族管理权和战略政策在该影响关系中的中介效应进行稳健性检验。在稳健性检验中，仍然用净资产收益率ROE代替总资产收益率ROA作为因变量企业绩效的衡量指标，并依次对家族代际CEO影响企业绩效以及董事会独立性和股息支付率的中介效应进行检验（详见表7-11、表7-12、表

7-13）。

根据表7-11，首先将包括省份、行业、年份等在内的控制变量加入回归方程，考察控制变量对因变量 ROE 的影响。在此基础上，在回归方程中加入家族代际 CEO，可以看到，加入自变量家族代际 CEO 之后，回归方程的 R^2 有所提高，说明回归方程对因变量的解释力增强。自变量家族代际 CEO 的回归系数显著为负（$\beta = -0.036$，$p<0.01$），说明家族代际 CEO 对家族绩效有显著影响，且相对于创始人 CEO，家族继任 CEO 所在家族企业的绩效水平更低。这与之前的回归结果结论一致。

表7-11 家族代际CEO对企业绩效回归分析的稳健性检验

	因变量：企业绩效（ROE）	
企业年龄（Age）	0.011 (0.016)	0.011 (0.016)
企业规模（size）	−0.001 (0.020)	0.006 (0.020)
高管薪酬（Rew3Exe）	0.080*** (0.016)	0.074*** (0.016)
董事会规模（DirNum）	−0.012 (0.014)	−0.006 (0.014)
企业β值（beta）	−0.002 (0.008)	−0.004 (0.008)
省份（Province）	是（Yes）	是（Yes）
行业（Industry）	是（Yes）	是（Yes）
年份（Year）	是（Yes）	是（Yes）
家族代际CEO（SFCEO）		−0.036*** (0.009)
观测样本量	594	594
R^2	0.216	0.239

资料来源：作者自行整理。

根据表 7-12，将中介变量董事会独立性加入家族代际 CEO 对企业绩效 ROE 的回归方程中，观察系数以及显著性的变化，来考察董事会独立性的中介效应。可以看到,将中介变量董事会独立性加入回归方程之后,回归方程的 R^2 有所提高,说明回归方程对因变量的解释力增强。且加入中介变量董事会独立性之后家族代际 CEO 的回归系数的绝对值变小,由原来的 0.036 降低为 0.028;而中介变量董事会独立性的回归系数显著为正($\beta=0.132$,$p<0.01$),说明加入中介变量董事会独立性之后,自变量家族代际 CEO 对企业绩效 ROE 的影响有所下降,即家族企业董事会独立性对家族代际 CEO 和企业绩效的影响关系发挥部分中介作用。此外,由于家族继任 CEO 所在企业的董事会独立性更低,而董事会独立性对企业绩效 ROE 的回归系数为正,即董事会独立性正向影响企业绩效 ROE,所以相较于创始人 CEO 企业,家族继任 CEO 所在的家族企业的低董事会独立性负向影响企业绩效。也就是说,相较于创始人 CEO 企业,家族继任 CEO 所在的家族企业更偏好对家族管理权的强化,这种偏好对企业绩效存在负向影响。因此,H6 得到验证的研究结论通过了稳健性检验。

表7-12 董事会独立性中介效应的稳健性检验

	因变量:企业绩效(ROE)		
企业年龄(Age)	0.011 (0.016)	0.011 (0.016)	0.002 (0.015)
企业规模(size)	−0.001 (0.020)	0.006 (0.020)	0.019 (0.020)
高管薪酬(Rew3Exe)	0.080*** (0.016)	0.074*** (0.016)	0.067*** (0.016)
董事会规模(DirNum)	−0.012 (0.014)	−0.006 (0.014)	−0.006 (0.014)
企业β值(beta)	−0.002 (0.008)	−0.004 (0.008)	−0.007 (0.008)
省份(Province)	是(Yes)	是(Yes)	是(Yes)
行业(Industry)	是(Yes)	是(Yes)	是(Yes)
年份(Year)	是(Yes)	是(Yes)	是(Yes)
家族代际CEO(SFCEO)		−0.036*** (0.009)	−0.028*** (0.009)

续表

董事会独立性（Inddirpct）			0.132*** （0.031）
观测样本量	594	594	594
R^2	0.216	0.239	0.264

资料来源：作者自行整理。

根据表 7-13，将中介变量股息支付率加入家族代际 CEO 对企业绩效 ROE 的回归方程中，观察系数以及显著性的变化，来考察股息支付率的中介效应。可以看到，将中介变量股息支付率加入回归方程之后，回归方程的 R^2 有所提高，说明回归方程对因变量的解释力增强。且加入中介变量股息支付率之后家族代际 CEO 的回归系数的绝对值变小，由原来的 0.036 降为 0.031；而中介变量股息支付率的回归系数显著为负（$\beta = -0.124$，$p<0.01$），说明加入中介变量股息支付率之后，自变量家族代际 CEO 对企业绩效 ROE 的影响有所下降，即家族企业股息支付率对家族代际 CEO 和企业绩效的影响关系发挥部分中介作用。此外，由于家族继任 CEO 所在企业的股息支付率更高，而股息支付率对企业绩效 ROE 的回归系数为负，即股息支付率负向影响企业绩效 ROE，所以相较于创始人 CEO 企业，家族继任 CEO 所在的家族企业的高股息支付率负向影响企业绩效。也就是说，相较于创始人 CEO 企业，家族继任 CEO 所在的家族企业更偏好保守型的战略政策，这种偏好对企业绩效存在负向影响。因此，H7 得到验证的研究结论通过了稳健性检验。

表7-13 股息支付率的中介效应的稳健性检验

	因变量：企业绩效（ROE）		
企业年龄（Age）	0.011 (0.016)	0.011 (0.016)	0.017 (0.015)
企业规模（size）	−0.001 (0.020)	0.006 (0.020)	0.008 (0.020)
高管薪酬（Rew3Exe）	0.080*** (0.016)	0.074*** (0.016)	0.072*** (0.016)
董事会规模（DirNum）	−0.012 (0.014)	−0.006 (0.014)	−0.003 (0.014)
企业β值（beta）	−0.002 (0.008)	−0.004 (0.008)	−0.001 (0.008)
省份（Province）	是（Yes）	是（Yes）	是（Yes）
行业（Industry）	是（Yes）	是（Yes）	是（Yes）
年份（Year）	是（Yes）	是（Yes）	是（Yes）
家族代际CEO（SFCEO）		−0.036*** (0.009)	−0.031*** (0.009)
股息支付率（divident）			−0.124*** (0.036)
观测样本量	594	594	594
R^2	0.216	0.239	0.256

资料来源：作者自行整理。

7.4 代际传承绩效差异验证结果

本章节对家族企业创始人和继任者在位期间的企业绩效进行比较，并从治理选择和战略偏好的角度来解释家族企业的代际绩效差异，得出研究结论：与创始人 CEO 相比，家族继任 CEO 经营管理下的家族企业更注重对家族控制的强化，从而对企业绩效有着消极影响；此外，与创始人 CEO 相比，家族继任 CEO 经营管理下的家族企业更偏好保守型的战略政策，从而对企业绩效有着消极影响。

本章提出的 2 条假设均通过验证。H6 得到支持，说明董事会独立性对家族代际 CEO 与企业绩效的影响关系发挥了部分中介作用，相较于创始人 CEO 企业，家族继任 CEO 所在的家族企业更偏好对家族控制权的强化，这种偏好对企业绩效存在负向影响。H7 得到支持，说明股息支付率对家族代际 CEO 与企业绩效的影响关系发挥了部分中介作用，相较于创始人 CEO 企业，家族继任 CEO 所在的家族企业更偏好保守型的战略选择，这种偏好对企业绩效存在负向影响。以上的研究结论表明，当家族企业进行内部传承时，会出现"继任者折价效应"，这种折价效应部分是由于家族代际 CEO 在公司治理以及战略选择上的偏好所导致。很多研究在解释创始人和家族继任者的绩效差异时，都愿意将其归咎于个人能力或企业资源的缘故。然而，本书的研究结论显示，相比于从个人能力和企业资源的角度切入来解释创始人 CEO 与家族继任 CEO 之间的代际绩效差异，委托代理理论和利他主义理论更适合对这一问题进行解释。

从委托代理的角度而言，伴随着家族企业的不断成长，通过家族成员担任经营管理者来降低代理成本的效用递减。企业最初的创始人会根据关系的亲疏远近选择家族企业的继承者，在家族企业发展的最初阶段，利他主义能有效降低代理成本，然而随着家族企业不断发展，利他主义逐步变成了提升代理成本的原因。在家族企业发展的初期，也就是创始人经营管理时期，利他主义所造成代理成本节约的收益相比于其所增加的成本要多得多，然而随着继承者接手企业的经营，其降低的成本逐渐被增多的成本所稀释甚至是超越。在大多数情况下，继承者接手企业经营管理后，家族成员之间的利益不一致、信息不对称，进而出现新的矛盾，家族二代之间的利益冲突反而更加突出，增加了代理成本。与创始人相比，家族继任者接任企业之后会更加担心家族失去对企业的控制，也更加厌恶风险的存在。因此，在公司治理选择上，家族继任 CEO 会更多采用金字塔结构、双重股权结构以及回避独立董事的监管作用等措施来增强家族对企业的控制力，削弱中小股东的权益，由此进一步加剧家族大股东与小股东之间的矛盾（第二类委托代理问题），甚至抵消家族管理缓解第一类委托代理问题而带来的管理效率的提升，对家族企业经营绩效产生负面影响。在战略选择偏好上，由于更厌恶风险和更强烈的对家族社会情感价值的保护意识，相比于创始人 CEO，家族继任者会回避不确定性和高风险的企业战略选择，如技术研发的投入等。同时会采取措施尽早从企业经营中提取家族利润，以降低后期经营中可能的财富损失。由此，家族继任者急于巩固家族控制权的偏好以及对战略保守性的偏好导致了企业创始人与家族继任者之间的代际绩效差异。

08

第8章

实践启示

根据研究结论，本书对家族企业实践提出以下四点建议：

第一，在现行政治经济环境下，我国家族企业最好从家族内部成员中选聘企业的接班人。由于历史原因，我国大多数家族企业都成立于20世纪80年代，发展至今，家族企业的创业者即第一代领导人大多面临退居二线的问题。对于最早的创业者来说，由谁作为企业未来的操舵人，到底是家族成员更加优秀还是非家族经理人更加称职，是困扰他们最大的问题。本书的研究结论显示，家族CEO经营管理下的企业效益要优于非家族CEO所在的家族企业。这说明，在中国特有的制度经济环境中，家族成员作为企业未来的经营管理者能够有效地增加企业的收益情况。由于中国的资本市场尚未成熟仍在摸索阶段，制度方面还存在漏洞，投机行为还是大有空间。再加上我国的职业经理人市场还处于起步阶段，发展缓慢，规范化程度低。基于这种情况，贸然引入职业经理人会给家族企业带来较高的代理成本和经营风险。因此，坚持家族企业下的家族管理方式对我国家族企业而言是更好的选择，可以较大程度地降低制度缺陷带来的风险。当然，家族化管理是指企业经营管理的核心人员来自于家族内部，家族企业的员工不可能都来自于控制家族。家族CEO接班经营后，需要平衡好家族内成员之间以及家族内外成员的关系，达到平和健康的状态，才能让家族企业的道路走得更宽更远。

第二，对于不得不选择职业经理人或者主观意愿上更倾向于选择职业经理人的家族企业而言，要考虑聘用职业经理人的合理模式和时机。纵观现阶段中国家族企业的职业化经营，可以发现，虽然不少家族企业具备了引入职业经理人的意识，但与职业经理人的顺利融合并不理想。原因有二：其一，当代中国缺乏具备良好职业道德的职业经理人，中国的家族企业能不能发展壮大，很大程度上取决于职业经理人的道德水平；其二，当代中国缺乏具备良好企业家精神的企业主。在欧美等发达国家，家族企业更倾向于从家族外部聘请职业经理人担任公司CEO，然而国内职业经理人市场的不规范性又使得部分家族企业所有者对职业经理人望而却步。国内外职业经理人市场之所以发展阶段和规范程度不同，一方面是由于历史时间上的差距，根据西方资本主义国家职业化经营在家族企业中演变的过程来看，经济制度和结构的高度发达并不是决定是否天然存在大量的称职业主和经理人的唯一条件。在美国，大量的优秀经理人是长时间积累起来的，数量的增加伴随着社会经济制度（例如社会信用制度）的不断完善，这一过程大约耗费了100年的时间。因此，中国家族企业的职业化经营步入成熟阶段尚需时间的打磨。另一方面也是由国内外家族企业在传承理念上的差异造成的，国内家族企业偏好内部传承，而国外家族企业偏好职业化经营，由于中国家族企业与西方家族企业在企业经营管理者选择问题上的不同认识，造成了我国职业经理人市场的发展要远远落后于西方国家。本书在结论部分对家族CEO的绩效为什么会高于非家族CEO给出了可能的解释。由于家族内部的利他主义，当家族企业创始人感知到外部环境比较好或者企业经营状态良好的情况下，更倾向于从家族内部选聘CEO，而当家族企业的创始人感知到外部环境比较恶劣或者企业经营状况不佳时，他们就更倾向于聘请职业经理人。所以家族CEO和非家族CEO所接任的企业通常在经营状况和经营环境上存在差异，而并非其个人能力上存在差异。一般来说，职业经理人通常受过专业化的培训，在能力素质上往往更胜一筹，只不过受限于环境、制度等外部因素，表现出了较低的绩效水平。因此，从能力素质的角度而言，聘用职业经理人也是合理选择，很多家族企业的创一代正是看到了这一点，更愿意聘请专业人士打理企业。

随着中国家族企业的高速成长，对职业经理人的需求也在逐年增加。虽然受到环境和传统理念的影响，中国家族企业更愿意将企业传承给家族内部人员打理，但也有部分家族企业尝试引入职业经理人。然而，现实情况显示，经理人的引入往往是不成功的，大量的家族企业在尝试突破内部传承瓶颈的过程中受到了极大的损失。因为没有足够优秀的职业经理人作为支持，这些尝试过的企业在遭受损失后更坚定了内部传承的决心。为什么会出现这种结果？除了制度环境的因素，本书认为家族企业引入职业经理人的模式和时机也是重要原因，选取合适的引入模式和时机对家族企业职业化经营的成效有着至关重要的影响。首先，在引入模式上，由于委托代理成本的存在和现行职业经理人市场的不规范性，相对可行的方式是家族成员和外部职业经理人分别掌控企业不同的控制权，例如战略决策、控制决策、经营决策等。双方只掌握企业的部分控制权，家族成员能够牵制职业经理人的行为，相对来说能够减少企业的代理成本和市场不完善所带来的风险。其次，在引入时机上，根据家族企业治理的动态发展模型，综合考虑委托代理成本以及家族 CEO 与职业经理人的能力素质，较为合理的方式是依据家族企业发展的生命周期来确定职业经理人的引入时机（如图 8-1 所示）。

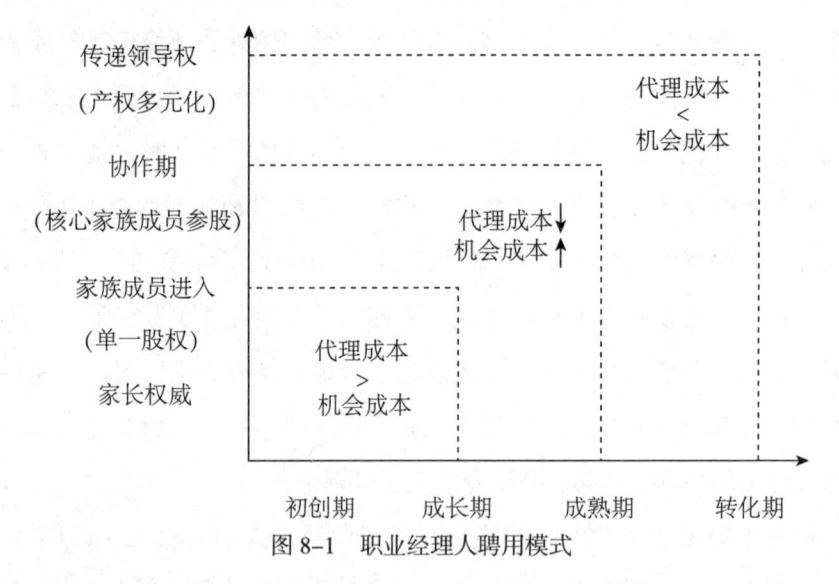

图 8-1 职业经理人聘用模式

资料来源：作者整理。

家族企业在选择继任者时，不仅要考虑代理成本，还要考虑由于继任者胜任力不足所引发的机会成本，只有全面地分析过这两点之后，才可以对企业引进职业经理人的利弊做一个相对合理的判断。在家族企业最初的阶段，各方面要求都比较低，聘用专业化的职业经理人就像杀鸡用牛刀，对经理人来说是大材小用，对企业来说其带来的代理成本过高，而选聘家族CEO可以大大节省委托代理成本；此外，由于该阶段家族企业的经营较为简单，对继任者的能力素质要求不高，即便家族CEO胜任力上有所欠缺，其导致的机会成本能被节约的代理成本所抵消。在家族成员经营管理企业一段时间过后，企业不断发展、逐步稳定，经营管理流程变得复杂，而监督体系逐渐成熟。在这一过程中，引入职业经理人的代理成本逐渐降低，而家族CEO胜任力不足可能带来的机会成本逐步升高。在家族企业中，家族成员管理企业的能力不足造成的机会成本与代理成本之间的差距变得越来越小，所以在中层岗位上可以选择一些非家族职业经理人。当企业进入到成熟期，家族企业的资本实力和管理复杂程度已大大提升，对外部人员的监控体系趋于完善。在这种情况下，引入职业经理人的代理成本小于家族CEO胜任力不足所带来的机会成本，倘若不引入外部高水平职业经理人，企业将会面对较大的机会成本损失，该阶段是选择外部职业经理人的最佳时机。由此，家族企业应该对自身所处的发展阶段有清晰的认识，并对家族内部成员的能力素质加以考核分析，以确定引入职业经理人的合理时机。

第三，家族企业的传承决策应该与企业的战略方针相结合，CEO的选择要和家族企业的发展战略相匹配（如图8-2所示）。根据本书的研究结论，相比于非家族CEO，家族CEO所经营的企业对多元化战略的偏好较低，对国际化战略的偏好较高，这两种偏好都对家族企业的绩效产生了积极影响。然而，该结论的前提是企业在选聘CEO之前尚没有明确的战略偏好，如果继任CEO上任之前，企业已经有了明确的公司发展战略，或者某些战略如多元化、国际化进程已经开始推进，那么可能出现截然不同的情况。根据研究结论，家族CEO对企业战略的偏好是一定的，如果企业在家族CEO上任之前已经决定采用或者开始推行多元化战略，而家族CEO对多元化战略的偏好更低，就会影响企业多元化战略的实施，在这种情况下，选择非家族CEO可能更有利于既定战略方针的推行。同样的，如果企业在非家族CEO上任之前已经决定采用或者开始推行国际化战略，而相比于非家族CEO，家族CEO更偏好国际化战略，在这种情况下，选择家族CEO可能更有利于既定战略方针的推行。因此，从CEO的选聘和家族企业战略方针的匹配性出发，如果企业在后期发展中，倾向于较高的国际化水平和较低的多元化水平，则选择家族CEO更有利于既定战略的推行和实施；如果企业在后期发展中，倾向于较低的国际化水平和较高的多元化水平，则选择非家族CEO更有利于既定战略的推行和实施。如果企业之后的发展中，倾向于国际化和多元化双高或双低的战略方针，则更多应该考虑前文所提到的代理成本和机会成本之间的权衡比较，即比较非家族CEO所带来的代理成本与家族CEO可能的胜任力不足所导致的机会成本。

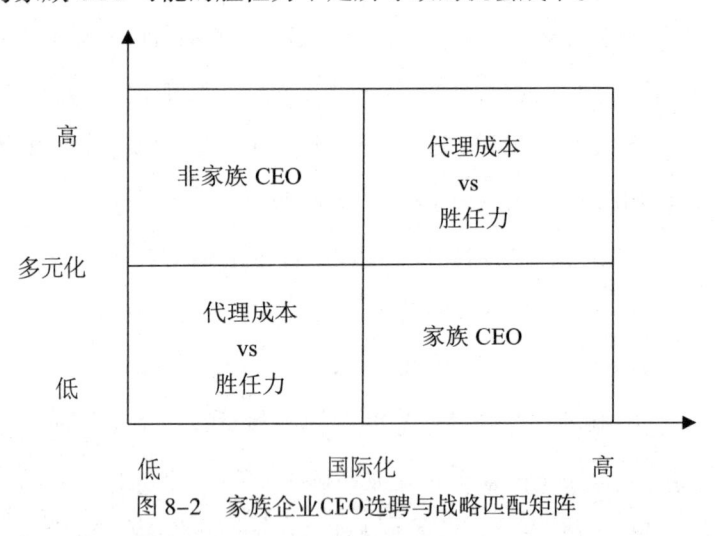

多元化	非家族CEO	代理成本 vs 胜任力
	代理成本 vs 胜任力	家族CEO

（纵轴：多元化 低→高；横轴：国际化 低→高）

图8-2　家族企业CEO选聘与战略匹配矩阵

资源来源：作者自行整理。

第四，尽可能避免家族继任者接班后第二类委托代理问题的加剧。中国古语有云"富不过三代"，本书也发现家族继任 CEO 在位期间的经营绩效要低于创始人 CEO 的经营绩效，似乎印证了这一古语的论调。然而，通过研究创始人 CEO 与家族继任 CEO 代际绩效差异的原因，可以针对家族企业传承过程中的"继任者折价效应"提出相应的调整方案和建议。本书的研究结论显示，家族继任 CEO 的绩效之所以低于创始人 CEO，原因在于家族继任 CEO 更加偏好对家族控制权的强化以及保守型的战略选择。为了巩固家族控制权，而且是在制度环境较差的新兴资本市场中，家族 CEO 会掏空企业损坏中小股东、债权人等利益相关者的权益，加剧第二类委托代理矛盾，影响企业的经营绩效。而对保守型战略的偏好，则不利于企业对新技术、新市场开发，家族 CEO 急于从企业中提取家族利润的行为也会使企业在后续发展的资源投入上受到限制。基于此，作为立法和监督机构，政府要营造更好的制度环境，倒逼家族企业特别是二代接班的家族企业透明化、合规化经营。一方面完善关于家族企业的立法基础，迫使家族企业加强内部治理；另一方面，需要不断加强上市家族企业在财务、管理信息等内容上的披露要求，缓解家族股东与中小股东由于信息不对称引起的代理问题。作为家族企业自身，首先要把握好家族管理与职业化经营的平衡，此外，在家族继任者接班后要有意识地通过若干治理措施降低第二类委托代理问题加剧的可能性，如增加独立董事的监督力度、避免金字塔结构，等等。

第9章

创新及未来展望

9.1 本书的创新之处

基于前文的理论基础和实证分析，本书的创新之处主要体现在以下四个方面：

第一，基于中国国情回答了钱德勒和詹森等人在家族企业绩效问题上的争论。钱德勒基于对发达经济体的研究提出，家族企业由于家族管理导致管理上的无效性，削弱了竞争力，而职业化经营则能带来高效率。然而，詹森等人基于委托代理理论提出，家族管理具备更好的监控能力和更强的提升企业价值的动机，能缓和大部分的委托代理矛盾，反而提升家族企业的管理效率。本书的研究发现，在中国这样的新兴经济体中，由于监管力度和职业经理人市场的不完善，家族管理是更为有效的治理方式。因此，本书通过实证数据佐证了詹森等人的观点。

第二，看到了不同类型家族企业的独特性，打开了家族管理和职业化经营所导致的家族企业绩效差异的"黑箱"。以往家族企业领域的研究往往聚焦在对比家族企业和非家族企业的异质性，其默认的前提是将家族企业看作同质的个体，忽略了家族企业之间的差异性。而本书着眼于不同家族企业的异质性，比较了家族管理和职业化经营下的家族企业的绩效差异，将研究重点深入到家族企业内部，拓展了家族企业研究的新视角，丰富了有关家族企业内部差异性的文献内容，并为后续家族管理以及职业化经营影响企业绩效的深入研究提供理论铺垫。

第三，基于中国资本市场研究职业化经营对家族企业绩效的影响，扩大了家族企业的研究"基地"，对新兴资本市场中的家族企业实践提供指导。现有研究家族企业治理的文献中，大多都是单独研究家族管理或职业化经营对家族企业绩效的影响作用，很少有研究看到职业化经营是家族管理下的一种特殊情况，对应较低的家族管理水平。而且，现有关于职业化经营的研究大都是基于发达国家资本市场得出的结论，基于像中国这样的新兴经济体的研究相对较少。然而，与发达资本主义市场相比，新兴资本市场在制度和监管上尚需进一步完善，有着其发展阶段相应的独特性。由此，本书基于中国这一新兴经济体特有的政治经济背景，创新性地对家族管理和职业化经营（家族CEO和非家族CEO）两种治理机制影响下的企业绩效进行了比较研究。

第四，从公司治理选择和战略偏好的角度对家族企业代际传承绩效差异进行了解释，为研究家族企业创始人与继任者的代际传承绩效差异提供了新的思路，丰富了家族企业代际传承及其对绩效影响研究的理论成果。之前有关家族企业传承的研究中普遍认可家族继任CEO接任后的绩效要低于创始人CEO在位期间的企业绩效，即家族企业存在"继任者折价效应"。以往的研究往往将家族代际传承绩效差异的原因归为创始人和家族继任者在个体能力上的差距，大多停留在个体层面的诱因，并没有从企业层面去探寻导致家族代际传承绩效差距的因素。因此，几乎没有实证研究考察过"继任者折价效应"中公司治理和战略选择差异可能存在的影响。本书则详细考察了创始人和家族继任CEO在公司治理实践以及战略偏好上的差异，发现与创始人CEO相比，家族继任CEO更重视对家族控制的强化，也更偏好保守型的战略政策，而这样的治理和战略选择往往对家族企业的绩效存在负向影响，进而导致了创始人CEO与家族继任CEO之间的代际传承绩效差异。

9.2 不足与未来研究方向

基于前文的实证分析和研究结论，本书尚存以下几点不足，这也是未来研究可以进一步探索的方向：

第一，本书单纯比较了家族管理和职业化经营对家族企业绩效的线性影响，然而，家族管理特征对企业绩效的影响不仅会受到内部要素的作用，同样会受到外部环境的影响。在不同的制度情境下，家族管理和职业化经营对企业绩效的影响可能是非线性的关系，需要对具体情境中的影响关系加以分类讨论。因此，后续对家族管理和职业化经营影响绩效的对比研究中，可以将制度环境纳入研究范畴，考虑外部制度和情境因素的影响。

第二，本书运用资产负债率研究财务杠杆的中介效应，但没有得到支持。在结论部分，本书提到可能是由于测量指标选择上的偏差。根据研究假设的理论基础，财务杠杆作为家族 CEO 影响企业绩效的中介变量有一定的合理性，这种合理性需要在未来研究中进一步加以探索。后续研究可以选取财务杠杆方面的新指标对这一问题加以考察，例如筹资/融资杠杆、资本结构等替代指标，也可以考虑多个测量指标的叠加效应。

第三，受限于数据的可得性，本书考察家族继任 CEO 在强化家族控制上的偏好时，仅考虑了其对董事会独立性的限制；而在考察家族继任 CEO 对保守型战略的偏好时，仅考虑了股息支付率这一指标，即家族继任 CEO 尽早从家族企业中提取利润避免风险的意愿。因此，后续研究从企业治理和战略层面考察家族代际绩效差异时，可以对治理选择和战略偏好的具体内容加以扩展，考虑引入更多指标对其加以衡量，如两权分离度、研发投入占比等。

第四，鉴于数据的公开性和可得性，包括本书在内的现有研究中，大部分实证结果都是基于上市家族企业的数据，对非上市家族企业的关注较少。然而，家族上市公司和非上市公司的异质性非常明显，对于非上市家族企业而言，由于资本市场对其的监督力度很小，企业可以为家族成员带来更多的经济和非经济利益；而上市家族企业更像是介于非上市家族企业和上市非家族企业之间的一种混合治理结构，必须处理来自资本市场和中小股东的监督压力，承担更大的风险，更多考虑短期效益。目前，比较这两种形式下的家族管理的研究很少，而且数据的可得性上也存在一定难度，但对于家族上市公司与非上市公司异质性的研究，有利于拓宽家族企业内部差异性的研究视角，丰富相关领域的研究成果，并且能对上市与未上市的家族企业提供实践指导，具有强大的理论和实践价值。因此，后续有关家族企业内部差异性的研究可以关注家族上市公司与非上市公司在家族管理、职业化经营、战略选择和企业绩效等多方面的差异性。

参考文献

1.Abdellatif M. Amann B. Jaussaud J. Family versus nonfamily business: A comparison of international strategies [J]. *Journal of Family Business Strategy*, 2010, 1(2): 108–116.

2.Aguilera R.V. Jackson G. The cross–national diversity of corporate governance: Dimensions and determinants [J]. *Academy of Management Review*, 2002, 28(3): 447–465.

3.Ali A. Chen T.Y. Radhakrishnan S. Corporate disclosures by family firms [J]. *Journal of Accounting and Economics*, 2007, 44(1–2): 238–286.

4.Anderson R.C. Reeb D.M. Founding–family ownership and firm performance: Evidence from the S&P 500 [J]. *The Journal of Finance*, 2003, 58(3): 1301–1327.

5.Anderson R.C. Reeb D.M. Founding–family ownership, corporate diversification, and firm leverage [J]. *Journal of Law & Economics*, 2003, 46(2): 653–683.

6.Ang J.S. Cole R.A. Lin J.W. Agency costs and ownership structure [J]. *The Journal of Finance*, 2000, 55(1): 81–106.

7.Ansoff H.I. Strategies for diversification [J]. *Harvard Business Review*, 1957, 35(5): 113–124.

8.Arregle J.L. Hitt M.A. Sirmon D.G. et al. The development of organizational social capital: Attributes of family firms [J]. *Journal of Management Studies*, 2007, 44(1): 73–95.

9.Arregle J.L. Naldi L. Nordqvist M. et al. Internationalization of family controlled firms: A study of the effects of external involvement in governance [J]. *Entrepreneurship Theory and Practice*, 2012, 36(6): 1115–1143.

10.Astrachan J.H. Shanker M.C. Family businesses contribution to the U.S. Economy: A closer look [J]. *Family Business Review*, 2003, 16(3): 211–219.

11.Auken H.V. Werbel J. Family dynamic and family business financial performance: Spousal commitment [J]. *Family Business Review*, 2006, 19(1): 49–63.

12.Banalieva E.R. Eddleston K.A. Home-region focus and performance of family firms: The role of family vs non-family leaders [J]. *Journal of International Business Studies*, 2011, 42(8): 1060–1072.

13.Barnes L.B. Hershon S.A. Transferring power in the family business [J]. *Family Business Review*, 1989, 2(2): 187–202.

14.Barnett W.P. Greve H.R. Park D.Y. An evolutionary model of organizational performance [J]. *Strategic Management Journal*, 1995, 15(S1):11–28.

15.Bassetti T. Maso L.D. Lattanzi N. Family businesses in Eastern European countries: How informal payments affect exports [J]. *Journal of Family Business Strategy*, 2015, 6(4): 219–233.

16.Begley T.M. Using founder status, age of firm, and company growth rate as the basis for distinguishing entrepreneurs from managers of smaller businesses [J]. *Journal of Business Venturing*, 1995, 10(3): 249–263.

17.Benson B. Crego E.T. Drucker R.H. Your family business: A success guide for growth and survival [D]. Homewood, IL: Dow Jones-Irwin, 1990.

18.Benito-Hernández S. Priede-Bergamini T. López-Cózar-Navarro C.

Factors determining exportation and internationalization in family businesses: The importance of debt [J]. *South African Journal of Business Management*, 2014, 45(1): 13–25.

19.Berghe laavd, Carchon S. Agency relations within the family business system: An exploratory approach [J]. *Corporate Governance: An International Review*, 2003, 11(3): 171–179.

20.Berrone P. Cruz C. Gomez-Mejia L.R. Socioemotional wealth and corporate responses to institutional pressures: Do family-controlled firms pollute less? [J]. *Administrative Science Quarterly*, 2010, 55(1): 82–113.

21.Berrone P. Cruz C. Gomez-Mejia L.R. Socioemotional wealth in family firms [J]. *Family Business Review*, 2012, 25(3): 258–279.

22.Berry C.H. Corporate growth and diversification [J]. *The Journal of Law and Economics*, 1971, 14(2): 371–84.

23.Bertrand M. Johnson S. Samphantharak K. et al. Mixing family with business: A study of Thai business groups and the families behind them [J]. *Journal of Financial Economics*, 2008, 88(3): 466–498.

24.Bhaumik S.K. Driffield N. Pal S. Does ownership structure of emerging-market firms affect their outward FDI? The case of the Indian automotive and pharmaceutical sectors [J]. *Journal of International Business Studies*, 2010, 41(3): 437–450.

25.Bianco M. Bontempi M.E. Golinelli R. et al. Family firms' investments, uncertainty and opacity[J]. *Small Business Economics*, 2013, 40(4): 1035–1058.

26.Bloom N. Reenen J.V. Measuring and explaining management practices across firms and countries [J]. *The Quarterly Journal of Economics*, 2007, 122(4): 1351–1408.

27.Bobillo A.M. Rodríguez-Sanz J.A. Tejerina-Gaite F. Shareholder activism and internationalization in the family firm [J]. *Journal of Business Economics and Management*, 2013, 14(5): 867-885.

28.Bouillon M.L. Ferrier G D, Stuebs M.T. et al. The economic benefit of goal congruence and implications for management control systems [J]. *Journal of Accounting & Public Policy*, 2006, 25(3): 265-298.

29.Brockhaus R.H. Family business succession: suggestions for future research [J]. *Family Business Review*, 2004, 17(2): 165-177.

30.Burkart M. Gromb D, Panunzi F. Large shareholders, monitoring, and the value of the firm [J]. *The Quarterly Journal of Economics*, 1997, 112(3): 693-728.

31.Burkart M. Panunzi F. Shleifer A. Family firms [J]. *The Journal of Finance*, 2003, 58(5): 2167-2202.

32.Burkart M. Shleifer A. Family firms [J]. *The Journal of Finance*, 2003, 58(5): 2167-2202.

33.Calabrò A. Torchia M. Pukall T. et al. The influence of ownership structure and board strategic involvement on international sales: The moderating effect of family involvement [J]. *International Business Review*, 2013, 22(3): 509-523.

34.Carney M. Corporate governance and competitive advantage in family-controlled firms [J]. *Entrepreneurship Theory and Practice*, 2005, 29(3): 249-265.

35.Carr C. Bateman S. International strategy configurations of the world's top family firms [J]. *Management International Review*, 2009, 49(6): 733-758.

36.Cennamo C. Berrone P. Cruz C. et al. Socioemotional wealth and proactive stakeholder engagement: Why family-controlled firms care more about their stakeholders [J]. *Entrepreneurship Theory and Practice*, 2012, 36(6): 1153-1173.

37.Cesinger B. Bouncken R. Fredrich V. et al. The alchemy of family enterprises' internationalization: Dexterous movers or prodigal laggards? [J]. *European J of International Management*, 2014, 8(6): 671–696.

38.Chandler A.D. Amatori F. Hikino T. *Big business and the wealth of nations* [M]. Cambridge: Cambridge University Press, 1997: 24–57.

39.Chandler A.D. *The visible hand: The managerial revolution in American business* [M]. Cambridge, MA: The Belknap Press of Harvard University Press, 1977: 455–464.

40.Chen H.L. Hsu W.T. Family ownership, board independence, and R&D investment [J]. *Family Business Review*, 2009, 22(4): 347–362.

41.Chen S. Chen X. Cheng Q. Do family firms provide more or less voluntary disclosure? [J]. *Journal of Accounting Research*, 2008, 46(3): 499–536.

42.Cheong K.C. Lee P.P. Lee K.H. The internationalization of family firms: case histories of two Chinese overseas family firms[J]. *Business History*, 2015, 57(6):1–21.

43.Chittoor R. Das R. Professionalization of management and succession performance——A vital linkage [J]. *Family Business Review*, 2007, 20(1): 65–79.

44.Chrisman J.J. Chua J.H. Kellermanns F.W. et al. Are family managers agents or stewards? An exploratory study in privately held family firms [J]. *Journal of Business Research*, 2007, 60(10): 1030–1038.

45.Chrisman J.J. Chua J.H. Litz R. A unified systems perspective of family firm performance: an extension and integration [J]. *Journal of Business Venturing*, 2003, 18(4): 451–465.

46.Chrisman J.J. Chua J.H, Litz R. Comparing the agency costs of family and non–family firms: Conceptual issues and exploratory evidence [J]. *Entrepreneurship Theory and Practice*, 2004, 28(4): 335–354.

47.Chrisman J.J. Chua J.H. Pearson A.W. et al. Family involvement, family influence, and family-centered non-economic goals in small firms [J]. *Entrepreneurship Theory and Practice*, 2012, 36(2): 267-293.

48.Chrisman J.J. Chua J.H. Sharma P. Trends and directions in the development of a strategic management theory of the family firm [J]. *Entrepreneurship Theory and Practice*, 2005, 29(5): 555-576.

49.Chrisman J.J. Patel P.C. Variations in R&D investments of family and nonfamily firms: Behavioral agency and myopic loss aversion perspectives [J]. *Academy of Management Journal*, 2012, 55(4): 976-997.

50.Chua J.H. Chrisman J.J. De Massis A. A closer look at socioemotional wealth: its flows, stocks, and prospects for moving forward [J]. *Entrepreneurship Theory and Practice*, 2015, 39(2): 173-182.

51.Chua J.H. Chrisman J.J. Sharma P. Defining the family business by behavior [J]. *Entrepreneurship Theory & Practice*, 1999, 23(4): 113-130.

52.Chua J.H. Chrisman J.J. Sharma P. Succession and non-succession concerns of family firms and agency relationship with nonfamily managers [J]. *Family Business Review*, 2003, 16(2): 89-107.

53.Chua J.H. Chrisman J.J. Steier L.P. et al. Sources of heterogeneity in family firms: An introduction [J]. *Entrepreneurship Theory and Practice*, 2012, 36(6):1103-1113.

54.Claessens S. Djankov S. Fan J.P.H. Lang L.H.P. Disentangling the incentive and entrenchment effects of large shareholdings [J]. *Journal of Finance*, 2002, 57(6): 2741-2771.

55.Colli A. *The history of family business, 1850-2000* [M]. Cambridge University Press, 2003: 58-65.

56.Combs J.G. Penney C.R. Crook T.R. et al. The impact of family representation on CEO compensation [J]. *Entrepreneurship Theory and Practice*, 2010, 34(6): 1125–1144.

57.Corbetta G. Salvato C. Self-serving or self-actualizing? Models of man and agency costs in different types of family firms: A commentary on "comparing the agency costs of family and non-family firms: conceptual issues and exploratory evidence" [J]. *Entrepreneurship Theory and Practice*, 2004, 28(4): 355–362.

58.Cruz C.C. Becerra M. Perceptions of benevolence and the design of agency contracts: CEO-TMT relationships in family firms [J]. *Academy of Management Journal*, 2010, 53(1): 69–89.

59.Cruz C. Justo R. Castro J.O.D. Does family employment enhance MSEs performance?: Integrating socioemotional wealth and family embeddedness perspectives [J]. *Journal of Business Venturing*, 2012, 27(1): 62–76.

60.Cruz C. Larraza-Kintana M. Garces-Galdeano L. et al. Are family firms really more socially responsible? [J]. *Entrepreneurship Theory and Practice*, 2014, 38(6): 1295–1316.

61.Daily C.M. Dollinger M.J. An empirical examination of ownership structure in family and professionally managed firms [J]. *Family Business Review*, 1992, 5(2): 117–136.

62.Davis J.A. Donaldson L. Toward a stewardship theory of management [J]. *Academy of Management Review*, 1997, 22(1): 20–47.

63.Davis J.A. Tagiuri R. The influence of life stage on father-son work relationships in family companies [J]. *Family Business Review*, 1989, 2(1): 47–74.

64.Davis P. Harveston P.D. Internationalization and organizational growth: The impact of internet usage and technology involvement among entrepreneur led family businesses [J]. *Family Business Review*, 2000, 13(2): 107-120.

65.Deephouse D.L. Jaskiewicz P. Do family firms have better reputations than non-family firms? An integration of socioemotional wealth and social identity theories [J]. *Journal of Management Studies*, 2013, 50(3): 337-360.

66.Dejung C. Worldwide ties: The role of family business in global trade in the nineteenth and twentieth centuries [J]. *Business History*, 2013, 55(6): 1001-1018.

67.Ding S. Zhuang Z. Qu B. Accounting properties of Chinese family firms [J]. *Journal of Accounting Auditing & Finance*, 2011, 26(4): 623-640.

68.Dou J. Zhang Z. Su E. Does family involvement make firms donate more? Empirical evidence from Chinese private firms [J]. *Family Business Review*, 2014, 27(3): 259-274.

69.Dutton J.E. Duncan R.B. The creation of momentum for change through the process of strategic issue diagnosis [J]. *Strategic Management Journal*, 1987, 8(3): 279-295.

70.Dyer W.G. Examining the "family effect" on firm performance [J]. *Family Business Review*, 2006, 19(4): 253-273.

71.Essen M.V. Carney M. Gedajlovic E.R. How does family control influence firm strategy and performance? A Meta-Analysis of US publicly listed firms [J]. *Corporate Governance: An International Review*, 2015, 23(1): 3-24.

72.Faccio M. Lang L.H.P. The ultimate ownership of Western European corporations [J]. *Journal of Financial Economics*, 2002, 65(3): 365-395.

73.Fahlenbrach R. Founder-CEOs, investment decisions, and stock market performance [J]. *Journal of Financial and Quantitative Analysis*, 2009, 44(2): 439-466.

74.Fama E.F. Agency problems and the theory of firm [J]. *Journal of Political*

Economy, 1980, 88(2): 288–307.

75.Fernández Z. Nieto M.J. Impact of ownership on the international involvement of SMEs [J]. *Journal of International Business Studies*, 2006, 37(3): 340–351.

76.Fernández Z. Nieto M.J. Internationalization strategy of small and medium-sized family businesses: Some influential factors [J]. *Family Business Review*, 2005, 18(1): 77–89.

77.Filatotchev I. Lien Y.C. Piesse J. Corporate governance and performance in publicly listed, family-controlled firms: Evidence from Taiwan [J]. *Asia Pacific Journal of Management*, 2005, 22(3): 257–283.

78.Francis J. Schipper K. Vincent L. Earnings and dividend in formativeness when cash flow rights are separated from voting rights [J]. *Journal of Accounting & Economics*, 2005, 39(2): 329–360.

79.Gao N. Jain B.A. Founder CEO management and the long-run investment performance of IPO firms [J]. *Journal of Banking & Finance*, 2011, 35(7): 1669–1682.

80.Gedajlovic E. Carney M. Chrisman J. Kellermanns F. W. The adolescence of family firm research: Taking stock and planning for the future [J]. *Journal of Management*, 2012, 38(4): 1010–1037.

81.Gedajlovic E. Lubatkin M.H, Schulze W.S. Crossing the threshold from founder management to professional management: A governance perspective [J]. *Journal of Management Studies*, 2004, 41(5): 899–912.

82.Gedajlovic E. Shapiro D.M. Management and ownership effects: evidence from five countries [J]. *Strategic Management Journal*, 1998, 19(6): 533–553.

83.Gersick K.E, Davis J.A, Hampton M.C. et al. *Generation to generation: A life cycle of the family business* [M]. Harvard Business School Press, 1997: 161-162.

84.Gilson R.J. Gordon J.N. Controlling controlling shareholders [J]. *University of Pennsylvania Law Review*, 2003, 152(2): 785-843.

85.Gómez-Mejía L.R. Cruz C. Berrone P. De Castro J. The bind that ties: Socioemotional wealth preservation in family firms [J]. *Academy of Management Annals*, 2011, 5(1): 653-707.

86.Gomez-Mejia L.R. Gutierrez I. The role of family ties in agency contracts [J]. *Academy of Management Journal*, 2001, 44(1): 81-95.

87.Gómez-Mejía L.R. Hoskisson R.E. Makri M, Sirmon D G, Campbell J T. Innovation and preservation of socioemotional wealth: The paradox of R&D investment in family controlled high technology firms [J]. 2011b, Working Paper.

88.Gomez-Mejia L.R. Makri M. Kintana M.L. Diversification decisions in family-controlled firms [J]. *Journal of Management Studies*, 2010, 47(2): 223-252.

89.Gomez-Mejia L.R. Makri M. The Determinants of executive compensation in family-controlled public corporations [J]. *Academy of Management Journal*, 2003, 46(2): 226-237.

90.Gómez-Mejía L.R. Moyano-Fuentes J. Socioemotional wealth and business risks in family-controlled firms: Evidence from Spanish olive oil mills [J]. *Administrative Science Quarterly*, 2007, 52(1): 106-137.

91.Gomez-Mejia L.R. Wiseman R.M. Reframing executive compensation: An assessment and outlook [J]. *Journal of Management*, 1997, 23(3): 291-374.

92.Granovetter M.S. The strength of weak ties [J]. *American Journal of Sociology*, 1973, 78(6): 347-367.

93.Graves C. Yuan G.S. An empirical analysis of the effect of internationalization on the performance of unlisted family and nonfamily firms in Australia [J]. *Family*

Business Review, 2013, 27(2): 142-160.

94. Gubitta P. Gianecchini M. Governance and flexibility in family-owned SMEs [J]. Family Business Review, 2002, 15(4): 277-297.

95. Habbershon T.G. Williams M. MacMillan I.C. A unified perspective of family firm performance [J]. Journal of Business Venturing, 2003, 18(4): 451-465.

96. Habbershon T.G. Williams M. A resource-based framework for assessing the strategic advantages of family firms [J]. Family Business Review, 1999, 12(1): 1-25.

97. Hitt M.A. Kim H. International diversification: Effects on innovation and firm performance in product-diversified firms [J]. Academy of Management Journal, 1997, 40(4): 767-798.

98. Hollander B.S. Elman N.S. Family-Owned businesses: An emerging field of inquiry [J]. Family Business Review, 1988, 1(2): 145-164.

99. Holt D.T. Strategic decisions within family firms: Understanding the controlling family's receptivity to internationalization [J]. Entrepreneurship Theory and Practice, 2012, 36(6): 1145-1151.

100. Inoue C.F.K.V. Lazzarini S.G. Musacchio A. Leviathan as a minority shareholder: firm-level implications of state equity purchases [J]. Academy of Management Journal, 2013, 56(6): 1775-1801.

101. Jensen M.C. Meckling W.H. Theory of the firm: Managerial behavior, agency costs and ownership structure [J]. Social Science Electronic Publishing, 1976, 3(76): 305-360.

102. Jensen M.C. Self-interest, altruism, incentives, and agency theory [J]. Journal of Applied Corporate Finance, 1994, 7(2): 40-45.

103. Johanson J. Vahlne J.E. The internationalization process of the firm——

A model of knowledge development and increasing foreign market commitments [J]. *Journal of International Business Studies*, 1977, 8(1): 23–32.

104.Johnson S. Porta R.L. Lopez-De Silanes F. Tunneling [J]. *American Economic Review*, 2000, 90(2): 22–27.

105.Kaplan S.N. Financial contracting theory meets the real world: An empirical analysis of venture capital contracts [J]. *Review of Economic Studies*, 2000, 70(2): 281–315.

106.Kappes I. Schmid T. The effect of family governance on corporate time horizons [J]. *Corporate Governance: An International Review*, 2013, 21(6): 547–566.

107.Karra N. Tracey P. Phillips N. Altruism and agency in the family firm: Exploring the role of family, kinship, and ethnicity [J]. *Entrepreneurship Theory and Practice*, 2006, 30(6): 861–877.

108.Kellermanns F.W. Eddleston K.A. Zellweger T.M. Extending the socioemotional wealth perspective: A look at the dark side [J]. *Entrepreneurship Theory and Practice*, 2012, 36(6): 1175–1182.

109.Khanna T. Palepu K. Why focused strategies may be wrong for emerging markets [J]. *Harvard Business Review*, 1997, 75(4): 41–48.

110.Khurshed A. Discussion does the presence of venture capitalists improve the survival profile of IPO firms? [J]. *Journal of Business Finance & Accounting*, 2000, 27(9-10): 1139–1183.

111.Klein S.B. Astrachan J.H. Smyrnios K.X. The F-PEC scale of family influence: construction, validation, and further implication for theory [J]. *Entrepreneurship Theory and Practice*, 2005, 29(3): 321–339.

112.Kole S.R. The complexity of compensation contracts [J]. Journal of Financial Economics, 1997, 43(1): 79–104.

113.Kontinen T. Ojala A. The internationalization of family businesses: A review of extant research [J]. *Journal of Family Business Strategy*, 2010, 1(2): 97–107.

114.Kontinen T. Ojala A. Network ties in the international opportunity recognition of family SMEs [J]. *International Business Review*, 2011, 20(4): 440–453.

115.Kontinen T. Ojala A. International opportunity recognition among small and medium-sized family firms [J]. *Journal of Small Business Management*, 2011, 49(3): 490–514.

116.Kontinen T. Ojala A. Internationalization pathways among family - owned SMEs [J]. *International Marketing Review*, 2012, 29(5): 496–518.

117.Lambreeht J. Multigenerational transitioning family businesses: A new explanatory model [J].*Family Business Review*, 2005, 18(4): 267–282.

118.Lee K.S. Wei S L. Family business succession: Appropriation risk and choice of successor [J]. *Academy of Management Review*, 2003, 28(4): 657–666.

119.Leitterstorf M.P. Rau S.B. Socioemotional wealth and IPO underpricing of family firms [J]. *Strategic Management Journal*, 2014, 35(5): 751–760.

120.Liang X. Wang L. Cui Z. Chinese private firms and internationalization: Effects of family involvement in management and family ownership [J]. *Family Business Review*, 2014, 27(2): 126–141.

121.Lin C. Ma.Y. Malatesta P, et al. Corporate ownership structure and bank loan syndicate structure [J]. *Journal of Financial Economics*, 2012, 104(1): 1–22.

122.Lin W.T. Family ownership and internationalization processes: Internationalization pace, internationalization scope, and internationalization rhythm [J]. *European Management Journal*, 2012, 30(1): 47–56.

123. Liu Y. Lin W.T. Cheng K.Y. Family ownership and the international involvement of Taiwan's high-technology firms: The moderating effect of high-discretion organizational slack [J]. *Management and Organization Review*, 2011, 7(2): 201–222.

124. Lins K.V. Equity ownership and firm value in emerging markets [J]. *Journal of Financial and Quantitative Analysis*, 2003, 38(1): 159–184.

125. Litz R.A. The family business: Toward definitional clarity [J]. *Family Business Review*, 1995, 8(2): 71–81.

126. Lu J.W, Liang X. Shan M. et al. Internationalization and performance of Chinese family firms: The moderating role of corporate governance [J]. *Management and Organization Review*, 2015, 11(4): 1–34.

127. Lyman A.R. Customer service: Does family ownership make a difference? [J]. *Family Business Review*, 1991, 4(3): 303–324.

128. Maury B. Family ownership and firm performance: Empirical evidence from Western European corporations [J]. *Journal of Corporate Finance*, 2006, 12(2): 321–341.

129. Mayer M.Whittington R. Diversification in context: a cross-national and cross-temporal extension [J]. *Strategic Management Journal*, 2003, 24(8): 773–781.

130. Mcconaughy D.L. Family CEOs vs. nonfamily CEOs in the family-controlled firm: An examination of the level and sensitivity of pay to performance [J]. *Family Business Review*, 2000, 13(2): 121–131.

131. Merino F. Monreal-Pérez J, Sánchez-Marín G. Family SMEs' internationalization: Disentangling the influence of familiness on Spanish firms' export activity [J]. *Journal of Small Business Management*, 2015, 53(4): 1164–1184.

132. Miller D. Breton-Miller I.L. Lester R.H. Family and lone founder

ownership and strategic behaviour: Social context, identity, and institutional logics [J]. *Journal of Management Studies*, 2011, 48(1): 1–25.

133.Miller D. Breton-Miller I.L. Scholnick B. Stewardship vs. stagnation: An empirical comparison of small family and non-family businesses [J]. *Journal of Management Studies*, 2008, 45(1): 51–78.

134.Miller D. Breton-Miller I.L. Deconstruction of socioemotional wealth [J]. *Entrepreneurship Theory and Practice*, 2014, 38(4): 713–720.

135.Miller D. Breton-Miller I.L. Family governance and firm performance: Agency, stewardship, and capabilities [J]. *Family Business Review*, 2006, 19(1): 73–87.

136.Miller D. Le Breton-Miller I.L. Scholnick B. Stewardship versus stagnation: An empirical comparison of small family and non-family businesses [J]. *Journal of Management Studies*, 2008, 45(1): 51–78.

137.Miller D. Minichilli A. Corbetta G. Is family leadership always beneficial [J]. *Strategic Management Journal*, 2013, 34(5): 553–571.

138.Minetti R. Murro P. Zhu S.C. Family firms, corporate governance and export [J]. *Economica*, 2015, 82(S1): 1177–1216.

139.Mitter C. Duller C. Feldbauer-Durstmuller B. et al. Internationalization of family firms: the effect of ownership and governance [J]. *Review of Managerial Science*, 2014, 8(1): 1–28.

140.Morck R. Yeung B. Agency problems in large family business groups [J]. *Entrepreneurship Theory and Practice*, 2003, 27(4): 367–382.

141.Munoz-Bullón F. Sanchez-Bueno M.J. The impact of family involvement on the R&D intensity of publicly traded firms [J]. *Family Business Review*, 2011, 24(1): 62–70.

142.Nelson T. The persistence of founder influence: Management, ownership, and performance effects at initial public offering [J]. *Strategic Management Journal*, 2003, 24(8): 707–724.

143.Nordqvist M. Zellweger T. Transgenerational entrepreneurship: exploring growth and performance in family firms across generations [J]. *International Small Business Journal*, 2010, 29(6): 730–731.

144.Peng M.W. Outside directors and firm performance during institutional transitions [J]. *Strategic Management Journal*, 2004, 25(5): 453–471.

145.Penrose E. *Theory of the growth of the firm* [M]. New York: Wiley, 1959: 210–221.

146.Pérez-González F. Inherited control and firm performance [J]. *American Economic Review*, 2006, 96(5): 1559–1588.

147.Perry J.T. Ring J.K. Broberg J.C. Does family involvement make firms donate more? Empirical evidence from Chinese private firms [J]. *Family Business Review*, 2014, 27(3): 259–274.

148.Pindado J. Requejo I. Torre C.D.L. Do family firms use dividend policy as a governance mechanism? Evidence from the Euro zone [J]. *Corporate Governance: An International Review*, 2012, 20(5): 413–431.

149.Pukall T.J. Calabrò A. The internationalization of family firms: A critical review and integrative model [J]. *Family Business Review*, 2014, 27(2): 103–125.

150.Raelin J.D. Bondy K. Putting the good back in good corporate governance: The presence and problems of double layered agency theory [J]. *Corporate Governance: An International Review*, 2013, 21(5): 420–435.

151.Rowe B.R. Hong G.S. The role of wives in family businesses: The paid and unpaid work of women [J]. *Family Business Review*, 2000, 13(1): 1–13.

152. Rumelt R.P. *Strategy, structure, and economic performance* [M]. Boston: Harvard Business School Press, 1974: 23-34.

153. Sanchez-Bueno M.J. Usero B. How may the nature of family firms explain the decisions concerning international diversification? [J]. *Journal of Business Research*, 2014, 67(7): 1311-1320.

154. Sanders W.G. Carpenter M.A. Internationalization and firm governance: The roles of CEO compensation, top team composition, and board structure [J]. *Academy of Management Journal*, 1998, 41(2): 158-178.

155. Schulze W.S. Dino R.N. Exploring the agency consequences of ownership dispersion among the directors of private family firms [J]. *Academy of Management Journal*, 2003, 46(2): 179-194.

156. Schulze W.S. Lubatkin M.H. Dino R.N. et al. Agency relationship in family firms: Theory and evidence [J]. *Organization Science*, 2001, 12(2): 99-116.

157. Schulze W.S. Lubatkin M.H. Dino R.N. Toward a theory of agency and altruism in family firms[J]. *Journal of Business Venturing*, 2003, 18(4): 473-490.

158. Schulze W. Gedajlovic E. Whither family business? [J]. *Journal of Management Studies*, 2010, 47(2): 191-204.

159. Sciascia S. Full P.M. Family involvement in the board of directors: Effects on sales internationalization [J]. *Journal of Small Business Management*, 2013, 51(1): 83-99.

160. Sciascia S. Mazzola P. Astrachan J.H. et al. The role of family ownership in international entrepreneurship: exploring nonlinear effects [J]. *Small Business Economics*, 2012, 38(1): 15-31.

161. Segaro E.L. Larimo J. Jones M.V. Internationalization of family small and medium sized enterprises: The role of stewardship orientation, family commitment

culture and top management team [J]. *International Business Review*, 2014, 23(23): 381-395.

162.Singla C. Veliyath R. George R. Family firms and internationalization-governance relationships: Evidence of secondary agency issues [J]. *Strategic Management Journal*, 2014, 35(4): 606-616.

163.Sirmon D.G. Arregle J.L. Hitt M.A. et al. The role of family influence in firms' strategic responses to threat of imitation [J]. *Entrepreneurship Theory and Practice*, 2008, 32(6): 979-998.

164.Sirmon D.G. Hitt M.A. Managing resources: linking unique resources, management, and wealth creation in family firms [J]. *Entrepreneurship Theory and Practice*, 2003, 27(4): 339-358.

165.Stewart A. Help one another, use one another: Toward an anthropology of family business [J]. *Entrepreneurship Theory and Practice*, 2003, 27(4): 383-396.

166.Strauss G. Shuen A. Chandler A.D. Scale and scope: The dynamics of industrial capitalism [J]. *Administrative Science Quarterly*, 1991, 36(3): 497.

167.Tsao S.M. Lien W.H. Family management and internationalization: The impact on firm performance and innovation [J]. *Management International Review*, 2013, 53(2): 189-213.

168.Villalonga B. Amit R. Family control of firms and industries [J]. *Financial Management*, 2010, 39(3): 863-904.

169.Villalonga B. Amit R. How are U.S. family firms controlled? [J]. *Review of Financial Studies*, 2009, 22(8): 3047-3091.

170.Villalonga B. Amit R. How do family ownership, control and management affect firm value? [J]. *Journal of Financial Economics*, 2006, 80(2): 385-417.

171.Welch L.S. Luostarinen R. Internationalization: evolution of a concept [J].

Journal of General Management, 2003, 14(2): 34–35

172.Yoshikawa T. Zhu H. Wang P. National governance system, corporate ownership, and roles of outside directors: A corporate governance bundle perspective [J]. *Corporate Governance: An International Review*, 2014, 22(3): 252–265.

173.Young M.N. Peng M.W. Ahlstrom D. et al. Corporate governance in emerging economies: A review of the Principal–Principal perspective [J]. *Journal of Management Studies*, 2008, 45(1): 196–220.

174.Young M.N. Peng M.W. Ahlstrom D. et al. Governing the corporation in emerging economies: A review of the principal–principal perspective [J]. *Academy of Management Annual Meeting Proceedings*, 2002(1): E1–E6.

175.Zahra S.A. Garvis D.M. International corporate entrepreneurship and firm performance: The moderating effect of international environmental hostility [J]. *Journal of Business Venturing*, 2000, 15(5): 469–492.

176.Zahra S.A. Ireland R.D. Hitt M.A. International expansion by new venture firms: International diversity, mode of market entry, technological learning, and performance [J]. *Academy of Management Journal*, 2000, 43(5): 925–950.

177.Zahra S.A. Entrepreneurial risk taking in family firms [J]. *Family Business Review*, 2005, 18 (1): 23–44.

178.Zahra S.A. International expansion of U.S. manufacturing family businesses: The effect of ownership and involvement [J]. *Journal of Business Venturing*, 2003, 18(4): 495–512.

179.Zellweger T.M. Kellermanns F.W. Chrisman J.J. et al. Family control and family firm valuation by family CEOs: The importance of intentions for transgenerational control [J]. *Organization Science*, 2012, 23(3): 851–868.

180. 陈德球, 杨佳欣, 董志勇. 家族管理、职业化经营与公司绩效——来自 CEO 变更的经验证据 [J]. 南开管理评论, 2013, 16(4): 55-67.

181. 陈德球, 肖泽忠, 董志勇. 家族管理权结构与银行信贷合约：寻租还是效率?[J]. 管理世界, 2013(9): 130-143.

182. 陈凌, 王河森. 中国家族企业的历史发展与现代转型——第七届"创业与家族企业成长"国际研讨会侧记 [J]. 管理世界, 2012(4): 153-158.

183. 陈凌, 王萌, 朱建安. 家族企业的现代转型 [J]. 浙江经济, 2012 (8): 34-35.

184. 陈凌, 吴炳德. 市场化水平、教育程度和家族企业研发投资 [J]. 科研管理, 2014, 35(7): 44-50.

185. 陈凌, 应丽芬. 代际传承：家族企业继任管理和创新 [J]. 管理世界, 2003(6): 89-97.

186. 陈文婷, 李新春. 上市家族企业股权集中度与风险倾向、市场价值研究——基于市场化程度分组的实证 [J]. 中国工业经济, 2008(10): 139-149.

187. 储小平, 李桦. 创业式接班 [J]. 北大商业评论, 2014 (12): 58-65.

188. 储小平. 华人家族企业的界定 [J]. 经济理论与经济管理, 2004, V(1): 49-53.

189. 储小平. 职业经理与家族企业的成长 [J]. 管理世界, 2002(4): 100-108.

190. 窦军生, 贾生华. 家业何以长青?——企业家个体层面家族企业代际传承要素的识别 [J]. 管理世界, 2008(9): 105-117.

191. 窦军生, 贾生华. 家族企业代际传承研究演进探析 [J]. 外国经济与管理, 2007 (11): 45-50.

192. 冯旭南. 债务融资和掠夺——来自中国家族上市公司的证据 [J]. 经济学（季刊）, 2012(3): 943-968.

193. 郭超. 子承父业还是开拓新机——二代接班者价值观偏离与家族企业转型创业 [J]. 中山大学学报 (社会科学版), 2013 (2): 189–198.

194. 郭萍, 陈凌. 华人家族企业如何基业长青？——第五届"创业与家族企业成长"国际研讨会侧记 [J]. 管理世界, 2010 (1): 152–156.

195. 贺小刚, 李婧, 陈蕾. 家族成员组合与公司绩效：基于家族上市公司的实证研究 [J]. 南开管理评论, 2010 (6): 149–160.

196. 贺小刚, 李新春, 连燕玲等. 家族内部的权力偏离及其对绩效的影响——对家族上市公司的研究 [J]. 中国工业经济, 2010(10): 96–106.

197. 贺小刚, 连燕玲. 家族权威与企业价值：基于家族上市公司的实证研究 [J]. 经济研究, 2009(4): 90–102.

198. 李井林, 刘淑莲, 杨超. 所有权结构、家族管理与并购决策 [J]. 投资研究, 2013(7): 58–71.

199. 李新春, 胡骥. 企业成长的控制权约束——对企业家控制的企业的研究 [J]. 南开管理评论, 2000 (3): 18–23.

200. 李新春, 檀宏斌. 内部两权分离优与忧——以百年家族企业冯氏集团为线索 [J]. 北大商业评论, 2013(3): 46–55.

201. 李新春, 何轩, 陈文婷. 战略创业与家族企业创业精神的传承——基于百年老字号李锦记的案例研究 [J]. 管理世界, 2008 (10): 127–140.

202. 李新春, 苏晓华. 总经理继任：西方的理论和我国的实践 [J]. 管理世界, 2001 (4): 145–125.

203. 李艳双, 焦康乐, 王文婷. 社会情感财富保护与家族企业的财务杠杆选择 [J]. 会计之友, 2016(20): 6–9.

204. 连燕玲, 张远飞, 贺小刚等. 亲缘关系与家族管理权的配置机制及效率——基于制度环境的解释 [J]. 财经研究, 2012(4): 92–102.

205. 梁强, 刘嘉琦, 周莉等. 家族二代涉入如何提升企业价值——基于中国上市家族企业的经验研究 [J]. 南方经济, 2013(12): 51-62.

206. 刘林, 刘丽. 企业家社会资本的测量评述 [J]. 重庆工商大学学报 (社会科学版), 2013 (6): 27-44.

207. 吕福新. 家族企业的资源短缺与理念接续——宁波方太厨具有限公司持续发展的案例研究 [J]. 管理世界, 2003(12): 128-136.

208. 宋继文, 孙志强, 文珊珊等. 中国家族企业的代际传承过程研究——基于组织行为学与社会学的视角 [J]. 管理学报, 2008 (4): 522-527.

209. 涂玉龙. 家族影响创新与企业绩效基于广东省家族企业的实证研究 [J]. 企业经济, 2012 (7): 37-41.

210. 魏春燕, 陈磊. 家族企业 CEO 更换过程中的利他主义行为——基于资产减值的研究 [J]. 管理世界, 2015(3): 137-150.

211. 魏志华, 吴育辉, 李常青. 家族管理、双重委托代理冲突与现金股利政策——基于中国上市公司的实证研究 [J]. 金融研究, 2012(7): 168-181.

212. 翁宵暐, 王克明, 吕长江. 家族成员参与管理对 IPO 抑价率的影响 [J]. 管理世界, 2014(1): 156-166.

213. 肖作平. 终极控制股东对债务期限结构选择的影响：来自中国上市公司的经验证据 [J]. 南开管理评论, 2011(6): 25-35.

214. 辛金国, 潘小芳, 管晓永. 家族性因素对家族企业绩效影响的实证研究 [J]. 科研管理, 2014 (11): 118-125.

215. 徐海波. 职业化经营能力对家族企业绩效的影响——基于信任的中介作用 [J]. 中国流通经济, 2013 (4): 99-104.

216. 许爱玉. 基于企业家能力的企业转型研究——以浙商为例 [J]. 管理世界, 2010 (6): 184-185.

217. 许林, 陈丽娟. 家族企业传承与发展：基于中外经典模式的思考 [J]. 商业研究, 2009(11): 102-104.

218. 杨学儒, 朱沆, 李新春. 家族企业的权威系统与代际传承 [J]. 管理学报, 2009 (11): 1492-1500.

219. 应焕红. 家族企业制度创新 [M]. 北京: 社会科学文献出版社, 2005.

220. 余向前, 张正堂, 张一力. 企业家隐性知识、交接班意愿与家族企业代际传承 [J]. 管理世界, 2013(11): 77-88.

221. 晁上. 论家族企业权力的代际传递 [J]. 南开管理评论, 2002 (5): 47-51.

222. 张纯, 高吟. 多元化经营与企业经营业绩——基于代理问题的分析 [J]. 会计研究, 2010(9): 73-77.

223. 张远飞, 贺小刚, 连燕玲. "富则思安"吗?——基于中国民营上市公司的实证分析 [J]. 管理世界, 2013(7): 130-144.

224. 张征, 卿涛. 家族参与管理、所有者年龄与企业绩效——基于中国非上市家族企业的实证研究 [J]. 软科学, 2015 (5): 96-100.

225. 中国民私营经济研究会家族企业研究课题组. 中国家族企业发展报告 [M]. 北京: 中信出版社, 2011.

226. 周其仁. 市场里的企业: 一个人力资本与非人力资本的特别合约 [J]. 经济研究, 1996(6): 71-79.

227. 朱沆, 叶琴雪, 李新春. 社会情感财富理论及其在家族企业研究中的突破 [J]. 外国经济与管理, 2012 (12): 56-62.